SINARA RÚBIA

INSPIRAÇÃO GRIOT
POR UMA EDUCAÇÃO ANTIRRACISTA

SINARA RÚBIA

INSPIRAÇÃO GRIOT
POR UMA EDUCAÇÃO ANTIRRACISTA

Todos os direitos desta edição reservados à Editora Malê.

Editora Malê
Direção editorial
Francisco Jorge e Vagner Amaro

Coleção Leituras e Mediações V.6
Inspiração Griot: por uma educação antirracista
978-65-85893-53-4

Edição
Francisco Jorge

Revisão
Louise Branquinho

Projeto gráfico, diagramação e capa
Bruno Oliveira

Texto revisado segundo o Acordo Ortográfico da Língua Portuguesa.
Proibida a reprodução, no todo, ou em parte, através de quaisquer meios.

Dados Internacionais de Catalogação na Publicação (CIP)
(Câmara Brasileira do Livro, SP, Brasil)

```
Rúbia, Sinara
       Inspiração griot: por uma educação
antirracista/Sinara Rúbia.--1.ed.-- Rio
de Janeiro: Malê Edições, 2025.
166 p.
       Bibliografia.
       ISBN 978-65-85893-53-4
       1.Contação de histórias 2.Educação
3.Literatura infantojuvenil-História e crítica
4.Prática pedagógica 5.Racismo 6.Relações
étnico-raciais I.Título.
25-275359                          CDD-306.43
```

Índices para catálogo sistemático:
1. Relações étnico-raciais: Sociologia educacional
   306.43
Eliane de Freitas Leite - Bibliotecária - CRB8/8415

Editora Malê
Rua Acre, 83/ 202 - Centro. Rio de Janeiro – RJ CEP: 20.081-000
www.editoramale.com.br
contato@editoramale.com.br

"Contar é ritualizar. É dar voz ao ancestral. É abrir o corpo para o sagrado. É compactuar com a visão mágica. Palavra lapidada na boca do velho griô é palavra fulgurante. Jóia de mil brilhos. Pedra multifacetada. Ele tem muitos corpos: feiticeiro, bicho, caçador, sacerdote, rei, bruxo, chefe, guerreiro. O mundo começa na minha palavra. Dançar o céu, o mar, o rio, a nuvem, a sombra. Cantar os velhos ensinamentos. Narrar a natureza, o clã, a aldeia, os símbolos, a floresta, a savana, o deserto. Seu itinerário é reforçar laços. Ordenar o mundo. Perfumar a memória. Virar história."

Celso Sisto

SUMÁRIO

Prefácio	**9**
Meu enredo	**15**
1 "Um griô conta a história": saberes e fazeres da tradição oral em África e na diáspora negra	**39**
1.1 O Rei Leão, imperador que dá notoriedade aos griots/griottes	40
1.2 Oralidade e Escrita: o saber e a fotografia do saber	48
1.3 O Projeto de Lei Griô	55
1.4 A Griô Antônia Alves	57
1.5 Zabelinha e o ovo do gigante	60
1.6 Os Valores Civilizatórios Afro-Brasileiros na dinâmica dos griôs do Brasil	64
2 Letramentos e Relações Étnico-raciais: Contação de História de Inspiração Griô e Literatura Infantojuvenil Negra	**71**
2.1 Concepções de Letramentos	75
2.1.1 Letramento racial crítico	81

2.2 A Literatura Infantojuvenil
Negra na Contação de História
de Inspiração Griô — 84

3 Análise de Dados — **113**

3.1 Uma Importante Descoberta — 115

3.2 Contação de Histórias
como Prática Pedagógica Antirracista — 121

3.3 O Autoconhecimento, o
Pertencimento e o Autoamor:
Elementos Formadores de
Educadores Antirracistas — 126

3.4 Fortalecer-Se-Aprender-Ensinar:
Uma Onda Crescente — 132

3.5 Aquilombamento: um lugar de
fortalecimento, acolhimento,
ressignificações e preparo para a luta — 137

Considerações Finais — **143**

Notas — **149**

Referências — **161**

Prefácio

Receber o convite para prefaciar esta obra é como receber um presente ancestral. Um chamado que não se responde apenas com palavras, mas com reverência e gratidão. A voz que ecoa neste livro não é só de Sinara Rúbia Ferreira, é de toda uma linhagem de mulheres que contaram histórias com agulhas, com panelas, com búzios, com canto e com silêncio. Ao folhear estas páginas, senti que estava diante de um terreiro de palavras: um espaço sagrado onde o tempo se curva, a memória dança e o futuro é invocado com corpo, alma e afeto.

Em uma de minhas viagens ao continente africano, especialmente ao Senegal, estive no interior profundo onde as palavras ainda caminham descalças pelo chão vermelho da tradição, fui acolhido pelo griot Wolof Boubacar Ndiaye Conteur na terra do povo Sereer em Pambal no Senegal. Eu tive a oportunidade de reconhecer uma história contada por ele que aprendi com meu avô, a nossa conversa foi emocionante. Boubacar um griot da etnia Tukuleur. diante de um Baobá generoso, enquanto ele contava uma história, antecipei o final para algumas pessoas que estavam ao meu lado porque já tinha ouvido diversas vezes. Eu contei isso para Boubacar e ficamos bastante tocados. Eu também pude dialogar, almoçar e receber do Chefe da aldeia Moustapha Fall e do seu conselheiro, o griot/gawlo Khalifa Seck, palavras de reconhecimento como gawlo.

Para além do sentido mais formal e técnico, na diáspora africana, o conceito griot se transformou no termo griô, ganhando outros contornos para além de descendentes de djelis, gawlos e djelibas das sociedades do oeste africano. Se trata de uma transfluência – como nos ensina Nêgo Bispo – entre griots e griôs. Ou seja, um fluxo de saberes entre territórios que não passa pela hierarquia e nem pelo domínio e exploração. Griot e griô não são exatamente a mesma coisa, mas isso não torna um mais valioso do que o outro. Griô faz parte do transfluir griot, coexistem num território onde cabem muitos mundos. É com esse espírito que reconheço, neste trabalho, uma preciosidade: Sinara Rúbia é uma griô. A vocação da autora para encantar contando histórias é amplamente reconhecida. Sinara costura palavras como quem costura pedaços das temporalidades: junta passados silenciados, presenças afirmadas e futuros possíveis. Sua escrita nasce das vivências, das memórias do colo de Dona Tânia (mãe da autora) e das noites de histórias ao pé da lamparina com Dona Antônia (avó da autora). Ela soma essas vivências com uma pesquisa rigorosa, potente como narrativa e que prima pelo afeto da generosidade em sua vontade de partilhar. A expressão conceitual que dá nome ao livro, inspiração griô é uma metodologia para contação de histórias.

Ao articular a contação de histórias com a literatura infantojuvenil negra e a formação docente, Sinara constrói um projeto de educação antirracista que não se limita à denúncia, mas que celebra e afirma as potências da cultura afro-diaspórica. Num Brasil que ainda tenta silenciar os tambores e enterrar as memórias negras sob as lápides do colonialismo, este livro reúne vozes que se acomodam nas linhas potentes da encruzilhada entre pedagogia, política e poesia. Um convite para quem trabalha nas áreas de educação e cultura para habitar e refundar imaginários que nunca deixaram de existir.

Eu registro que entre os afetos mais frequentes deste trabalho, encontrei a resiliência. A infância e juventude na cidade de Petrópolis e os episódios cotidianos de assédio racial foram ressignificados pela autora, uma escrita que está atravessada tanto pela cicatriz quanto pela cura de cada dia. O talento e o compromisso reunidos neste livro estabelecem tramas e parcerias entre contadoras de histórias como Tânia e Antônia, Hampâte Bâ, Frantz Fanon, Neusa Santos Sousa, bell hooks, mestras e mestres de capoeira, jongueiras e jongueiros. Uma trama que alicerça o que no livro é declarado como griôs brasileiras e brasileiros num diálogo especial com Azoilda Lorett o Trindade e valores ci-vilizatórios afro-brasileiros.

Sinara nos ensina, com suavidade e firmeza, que contar histórias é abrir portais. E que cada portal é um convite para reimaginar a educação — uma educação que reconheça, que abrace, que cure. Uma educação que permita à criança negra vivenciar os benefícios da infância, sem a necessidade de negar sua origem, seu cabelo, seu nariz, seu nome ou sua cor. Mas, também sem precisar ser uma "super-criança", porque as histórias servem para que essa criança mantenha a sua infância e quiçá inspirem em gente adulta o reencontro com essa mesma infância.

O livro que você tem em mãos, é uma joia de muitas faces. Ele é pesquisa, é denúncia, é proposta, é o que tenho chamado de afeto-griô. Um testemunho da beleza e da força que brotam da ampliação dos ecos da palavra negra que nunca deixou de encontrar espaço para florescer. Que possamos, como Sinara nos propõe, aprender a contar as histórias que a história oficial deixou de contar por séculos. E, agora ao contá-las, inspirar algo que a lógica colonial nos forçou a esquecer: não existe um só mundo.

Renato Noguera
Escritor, professor de filosofia da UFRRJ, Gawlo (Griot)

Meu enredo

Este texto que vos apresento trata de vivências, experiências e conhecimentos meus, uma mulher negra[1] nascida em 4 de julho de 1975, na cidade de Raposo, uma estância hidromineral muito procurada como destino turístico. Raposo é um pequeno povoado que, desde 1990, foi elevado a distrito do município de Itaperuna, região noroeste do Estado do Rio de Janeiro. Entretanto, esse distrito faz divisa com outras cidades do sudeste de Minas Gerais, e durante muito tempo, eu me entendi mineira, por conta da cultura de minha terra natal, que é caracterizada por hábitos, costumes e vocabulário ditos mineiros, apesar da demarcação territorial desse distrito oficialmente informar que sou fluminense. Em Raposo, tenho dezenas de parentes: avó, avô, tias, tios, primas e primos maternos, e parte de familiares do meu pai também moram lá. Eu me chamo Sinara Rúbia, filha de costureira e pai não escolarizado, um operário que trabalhou em várias fábricas, como servente de pedreiro e, por vezes, tentou ser comerciante. Quando ainda tinha meses de vida, meus pais se mudaram para a cidade de Petrópolis, região serrana do Rio de Janeiro, em busca de trabalho e melhores condições materiais de vida, local onde morei até os 30 anos de idade.

    Conhecida e louvada por ser a cidade imperial, Petrópolis faz parte da Mata Atlântica e localiza-se a 813 metros acima do nível do mar, aproximadamente 67 km ao norte da cidade do Rio de Janeiro. Etimologicamente, a palavra Petrópolis vem da junção da palavra em latim *Petrus* (Pedro) com a em grego *Pólis* (cidade), formando "Cidade de Pedro". O surgimento da cidade está totalmente ligado à vinda do então imperador D. Pedro I e sua família real de Portugal, os colonizadores do Brasil. Fundada em 16 de março de 1843 pelo imperador Dom Pedro II, a cidade foi colonizada por imigrantes alemães da Baviera. Relatos históricos afirmam que o imperador, atraído pelo clima ameno e pela natureza exuberante do local, transferia sua corte do Rio de Janeiro para Petrópolis durante os meses mais quentes do ano.

    A área em que hoje se situa Petrópolis era a fazenda do Córrego Seco, adquirida pelo imperador D. Pedro I. A história oficial nos conta que ele tinha planos de construir um palácio para a família real, projeto que só se concretizou no Segundo Reinado, e a cidade foi se desenvolvendo ao redor do palácio imperial. Por causa de sua história, a cidade é hoje um importante polo turístico que narra e preserva a memória da família real e dos tempos do Império, bem como a valorização dos seus colonizadores alemães.

    Apesar de a história oficial consagrar Petrópolis como cidade imperial e de colonização alemã, foi invisibilizada a existência de uma população negra, seguindo as ideias do projeto de branqueamento da população brasileira. Esse projeto baseava-se em teses eugenistas amplamente divulgadas e aceitas no Brasil sobre a suposta superioridade dos brancos e inferioridade dos negros. A proposta era resolver o pretenso problema do grande contingente negro da população com a miscigenação entre negros e brancos, acreditando-se no desaparecimento dos negros e, consequentemente, o clareamento da população através das gerações. Neste sentido, ressaltar a presença dos imigrantes alemães e da família real, ocultando a participação histórica de uma população negra, atende a essa regra consensual das elites da época. Contudo, sabe-se da contundente presença negra deste lugar, que teve em seu surgimento um povoamento de pessoas oriundas de fazendas que exploravam o trabalho escravizado. "Um território ocupado por africanos de várias partes do continente africano e afrodescendentes, nascidos na cidade, que somente depois recebeu imigrantes alemães, configurando uma fusão populacional predominantemente negra" (Aquino; Junior, 2014).

Sou a mais velha de três irmãs, de uma família evangélica, religião da qual permaneci praticante dedicada até o nascimento da minha única filha, aos 26 anos de idade. São muitas as memórias desagradáveis, pujantes lembranças da infância à juventude em Petrópolis, que guardo em minha mente. Experiências amargas de vivências com o racismo, elemento estrutural da sociedade brasileira. A afirmação de que vivemos um racismo estrutural é fundamentada nos estudos de Silvio Almeida (2018), que nos traz contribuições importantes para compreendermos como funciona uma sociedade cujo este é o sistema operante. Esse intelectual discute a naturalização do racismo na sociedade e argumenta que só é possível compreender a sua operacionalidade enquanto processo político, histórico e de construção de subjetividades. O racismo se perpetua, pois produz um sistema de ideias que justificam racionalmente a desigualdade racial, constituindo sujeitos cujos sentimentos não são tão abalados diante da violência do racismo, naturalizando acontecimentos violentos e/ou desumanos cotidianamente. Nas palavras do autor:

> o racismo é uma decorrência da própria estrutura social, ou seja, do modo "normal" com que se constituem as relações

> políticas, econômicas, jurídicas e até familiares, não sendo uma patologia social e nem um desarranjo institucional. O racismo é estrutural. Comportamentos individuais e processos institucionais são derivados de uma sociedade cujo racismo é regra e não exceção (Almeida, 2018, p. 50).

Na escola, foram muitos os episódios racistas que experienciei. Apelidos, xingamentos, palavras duras por parte não só dos colegas de classe, mas também por dos(as) professores(as). Entretanto, somente na fase adulta, ao "tornar-me negra", que pude compreender e nomear esses fatos como racismo, pois, como afirma Neusa Santos (1983, p. 20):

> Saber-se negra é viver a experiência de ter sido massacrada em sua identidade, confundida em suas perspectivas, submetida a exigências, compelida a expectativas alienadas. Mas é também, e sobretudo, a experiência de comprometer-se a resgatar sua história e recriar-se em suas potencialidades.

No ambiente escolar, eu era uma adolescente sempre muito próxima dos meninos e dos alunos mais agitados também. Minhas notas quase nunca chegavam a uma média 9 ou 10, mas também era difícil obter notas vermelhas (abaixo de 5). Eu sempre estava à frente de algum projeto, grupo ou ação escolar, principalmente das atividades culturais. Era uma aluna popular, conhecida pelo meu dinamismo e também pelas polêmicas e violências raciais com as quais me envolvia.

    Uma das memórias que podem exemplificar esses episódios de racismo cotidiano foi quando eu cursava o quarto ano do antigo primário, na Escola Nossa Senhora de Fátima, que se localizava na "Avenida", como dizem os petropolitanos, referindo-se à região central da cidade. Chateada com uma aluna que me importunava com apelidos racistas e tentativas de menosprezo por eu ser a mais nova portadora do título Rainha da Primavera da escola daquele ano, reuni alguns meninos para dar um susto na aluna intitulada rainha no fim da aula, o famoso "vou te pegar na hora da saída". O bando de meia dúzia de alunos, organizados por mim, seguiu a rainha importunadora até a carruagem ônibus que a levava para casa, num coro de palavras de baixo calão, até que ela, assustada e com medo, entrasse apressada no ônibus.

O pequeno bando rebelde saiu daquele evento rindo, achando-se vitorioso. No outro dia, cheguei quase na hora da entrada para a sala de aula. A tradição da escola seguia a regra de que todos os dias, em fila, alunos(as) e professores(as) rezavam o Pai Nosso e a Ave Maria e, logo em seguida, uma turma por vez, dos menores aos maiores, seguia para as salas de aula com suas professoras. Eu cheguei na última frase da oração "Ave Maria, cheia de graça". Nesse instante, ouvi a voz da diretora gritando bem alto e cheia de raiva: *"oh minha macaca feia, você não vai entrar pra sala agora não, antes venha aqui na direção se ver comigo pela criolice que você fez ontem na saída da escola"*. E assim, depois de ser humilhada e envergonhada na frente de toda a escola, sem saber para onde olhar, com o rosto pegando fogo, sensação viva na memória – pois toda vez que narro esse fato, sinto-me enrubescida novamente –, lá fui eu prestar contas da ação de revolta do dia anterior.

Outras situações semelhantes a essa faziam parte da minha vida diariamente no período de todo ensino primário e fundamental, e também vivia essas situações dentro do ambiente da igreja em que cresci. A escola e a igreja evangélica foram duas instituições que me formaram e forjaram da infância à juventude, através dos letramentos que me deram nesses espaços, com os quais eu interpretava códigos, práticas e sentidos no dia a dia. Eu fui uma adolescente que orava ao Deus cristão todos os dias, pedindo perdão por ter nascido preta. O motivo de tal súplica se dava pelo fato de internalizar um ensinamento da igreja evangélica que minha família frequentava. Ouvia não só na hora do sermão dominical, como também em debates e discussões, com tom de acusação, nos momentos de informalidades entre os irmãos e irmãs, nos encontros de confraternização e vivências entre a comunidade cristã de minhas relações, que a origem das pessoas pretas tinha duas explicações bíblicas, portanto eram, naquele contexto, a "palavra da verdade".

A primeira explicação era que as pessoas nascidas com a pele preta descendiam de Caim, que tinha essa cor por causa da marca que Deus lhe colocou para ninguém o "perder de vista". Essa passagem bíblica narra que Caim, por inveja, matou seu próprio irmão, tornando-se o primeiro homicida da história, e, por esse motivo, foi marcado e castigado por Deus, conforme descrito em Gênesis, capítulo 4, versículos 10-16.

> E disse Deus: Que fizeste? A voz do sangue de teu irmão clama da terra a mim. És agora, pois, maldito por sobre a terra, cuja boca se abriu para receber o sangue de teu irmão. Quando lavrares o solo, não te dará ele a sua força; serás fugitivo e errante pela terra. Então disse Caim ao Senhor: É tamanho o meu castigo, que não posso suportá-lo. Eis que hoje me lanças da face da terra, e da tua presença hei de esconder-me; serei fugitivo e errante pela terra; quem comigo se encontrar me matará. O senhor, porém, lhe disse: Assim, qualquer que matar a Caim será vingado sete vezes. E pôs o Senhor um sinal em Caim para que o não ferisse de morte quem quer que o encontrasse. Retirou-se Caim da presença do Senhor e habitou a terra de Node, ao oriente do Éden.

Apesar de o trecho não dizer que sinal é esse, ensinava-se que era a pele preta. Outra passagem bíblica que eu e os membros da igreja constantemente ouvíamos para fundamentação dos argumentos da suposta maldição que, por herança divina, se destinava à vida de pessoas de pele preta, foi a maldição lançada por Noé aos descendentes do seu filho Cam:

> Sendo Noé lavrador, passou a plantar uma vinha. Bebendo do vinho, embriagou-se e se pôs nu dentro de sua tenda. Cam, pai

de Canaã, vendo a nudez do pai, fê-lo saber, fora a seus dois irmãos. Então, Sen e Jafé tomaram uma capa, puseram-na sobre os próprios ombros de ambos e, andando de costas, rostos desviados, cobriram a nudez do pai sem que a vissem. Despertando Noé do seu vinho, soube do que lhe fizera o mais moço e disse: Maldito seja Canaã; seja servo dos servos a seus irmãos. E ajuntou: Bendito seja o Senhor, Deus de Sem e Canaã lhe seja servo. Engrandeça Deus a Jafé, e habite ele nas tendas de Sem e Canaã lhe seja servo (Gênesis, 9:20-27).

Esses argumentos eram controversos, pois ora afirmavam que Canaã e seus familiares habitaram as terras do continente africano e ora diziam que seus descendentes nasceram pretos, tal como Caim, por causa do pecado e/ou da maldição. Além de ouvir e discutir essas passagens bíblicas como a palavra da verdade, logo inquestionáveis, pois não se questiona palavra de Deus, depoimentos de sonhos, visões e louvores que apresentavam o diabo como preto, feio, sujo, maldito e enganador, cuja missão eterna era prejudicar e roubar a alma dos filhos de Deus, faziam parte do repertório de assuntos e roteiros dos cultos da congregação. O objetivo dessas afirmações era justificar a ideia de que pessoas pretas são feias, desprezíveis e inferiores, e que todas as violências perpetradas ao continente africano durante a colonização europeia, que operava através de invasões de territórios e sequestro de pessoas para serem escravizadas em outras partes do mundo, se justificavam por essa herança de destino determinada pelo próprio Deus ou por solicitação do servo fiel Noé.

Diante dessas afirmações, só restava às pessoas negras daquela igreja serem eternamente gratas e submissas ao bom Deus e seus líderes na terra, uma vez que, mesmo com essa herança maldita, Ele os amava. Por esse motivo, deveriam se tornar mais alvo que a neve através do sangue de Cristo. Como dizia a canção, na letra de um dos hinos mais cantados na minha antiga igreja: "Alvo mais que a neve, alvo mais que a neve, sim, nesse sangue lavado, mais alvo que a neve serei." Conviver com sentimentos controversos nesse período da vida foi uma prática da qual eu não tinha como fugir, uma vez que não sabia fazer isso. O constrangimento de ser negra e, ainda assim, ser cristã foi algo com o qual precisei lidar nessa fase da vida.

Entretanto, uma concreta e legítima herança africana também fez parte da minha vida nesse período. Eu sou neta e filha de duas mulheres pretas contadoras de histórias que me deram régua, compasso e tom. Minha mãe, Dona Tania, me criou com a sabedoria das histórias, dos provérbios e das canções, que narrava para mim e minhas irmãs enquanto costurava. Para ter tranquilidade e tempo para trabalhar, como estratégia, Dona Tania mantinha as três filhas sentadas em torno da máquina de costura, aos seus pés, aconchegadas em almofadas que ela confeccionava com retalhos coloridos para cada uma de nós. Aos pés da minha mãe, nós ouvíamos histórias, canções, causos, provérbios, orações e ensinamentos. Todas conversávamos, ríamos, dormíamos e acordávamos dias e noites nesse ambiente durante anos de nossas vidas. Dona Tania repassava as histórias populares que ouvira de seus mais velhos e também contava histórias da sua vida desde a infância até a fase adulta, quando se tornou mãe.

Minhas irmãs e eu ouvíamos as histórias dos contextos dos nossos nascimentos, os motivos da escolha de nossos nomes e como fomos recebidas pela família. Sabíamos as histórias de amor e conflitos da vida de nossa mãe, como ela conheceu, se apaixonou e se casou com meu pai Vavá. Ouvimos, com requintes de detalhes, sobre hábitos, costumes, crenças e histórias da vida não só de nossos progenitores, como de todos os familiares.

Dona Tania também contava como ela foi criada por sua mãe Antônia e seu pai Geraldo, meus avós. Narrava como superava os problemas em casa, na escola, em seus contextos sociais. Contava as alegrias e aprendizados da sua infância e adolescência e suas responsabilidades como a mais velha de 13 irmãos. Minha mãe cantava canções, explicava, aconselhava e planejava com as filhas as nossas vidas e futuros com tranquilidade e prazer. Nós ouvíamos tudo tendo como trilha sonora o som da máquina, a cada pisada no pedal sincronizada com suas palavras.

Filha e neta primogênita, eu sempre passava as férias de fim de ano na casa onde nasci. Isso era uma exigência da minha avó materna, que me queria por perto sempre que podia. Na casa dela, eu dormia no quarto onde vim ao mundo, parte da casa reverenciada como um templo sagrado. Em minha terra natal, vivi os melhores momentos de minha infância. Passava os dias subindo em árvores para colher frutas, andava a cavalo, tomava banho de açude e me molhava na chuva rápida de verão que refrescava do sol quente, quando subia um cheiro de terra molhada. Nesses dias, era o momento de comer comida da vovó feita no fogão a lenha. Era tempo de quase queimar meus lábios na caneca de esmalte com café quente e fresco, às 6h, que minha avó levava na cama.

E para findar cada dia feliz de minhas férias, à noite eu ouvia as histórias contadas por Dona Antônia, ou diante da iluminação do céu sem poluição, com lua e carregado de estrelas, sentadas na calçada à frente da casa, ou iluminadas pela lamparina dentro de casa, sobre a mesa de madeira, caso estivesse chovendo, pois, nesse tempo, a maior parte daquele povoado não tinha luz elétrica. Minha avó preferia contar as histórias fantásticas, de mula sem cabeça, fantasmas, lobisomens, e também narrava situações perigosas onde, como uma heroína, ela protagoniza as soluções. Na minha memória está guardado o momento de silêncio que eu e outras crianças da família fazíamos para ouvir a matriarca. Esta, com a voz baixa e ritmada, nos presenteava com suas histórias. Para ouvi-la, era preciso fazer silêncio total, de modo a não perdermos nada daquele encantamento.

O momento mais difícil daqueles tempos era a hora do retorno para Petrópolis, depois de quase um trimestre de alegria e aconchego da vovó, pois as aulas iriam começar. A cena gravada nas memórias de avó e neta, que se repetiu por muitos anos, eram o abraço e o choro no momento da partida. Eu não queria ir embora, ela não queria que eu partisse. Alguém sempre precisava desgrudar os dois corpos, quase que à força. Eu caminhava uns 200 metros e me virava para trás, lançando um último olhar de adeus para minha avó e a casa branca, que sumiam de minhas vistas. Depois que virava a esquina, caminhava rumo ao gigante e indesejado ônibus da partida. Curioso é que, quando embarcava para passar as férias com minha avó, o transporte parecia uma gigante nave espacial que me levaria para um mundo de encantos e alegrias. Eu quase não dormia de ansiedade na véspera da viagem, pensando no momento do embarque. Mas quando retornava de lá, tudo o que eu não queria era embarcar naquele ônibus que me levaria contra minha vontade para um lugar onde não queria voltar naquele momento.

Irmã mais velha, fiquei responsável por ajudar a criar minhas irmãs a partir dos oito anos, quando minha mãe precisou trabalhar fora, igualmente meu pai, para dar conta do sustento da família. Eu aprendi a educar minhas irmãs e tomei gosto por essa tarefa. Ensinava tudo a elas, desde asseio pessoal, hábitos e comportamentos do dia a dia, às tarefas escolares destinadas para casa. Banhava, alimentava, ensinava as atividades escolares, levava e buscava na escola, inventava entretenimentos, brincadeiras e, como minhas ancestrais, contava histórias.

Nutrida pelo desejo de ensinar, meu ensino médio foi o antigo curso normal: eu queria ser professora. A cada ano, eu compreendia a importância da Educação na minha vida e como estava sendo transformada ao passo que acessava conhecimentos. Apesar de um hiato nos estudos, por não conseguir cursar o ensino superior logo após o término do magistério, depois de sete anos sem estudar formalmente, consegui entrar numa graduação, aos 26 anos de idade. A faculdade escolhida foi Letras Português-Literatura. Essa graduação foi um divisor de águas na minha vida.

Até então, estava sem perspectivas de voltar a estudar, pois, se quisesse fazer um curso superior, teria de pagar uma graduação na tradicional Universidade Católica de Petrópolis - UCP, e eu não tinha recursos financeiros para entrar numa universidade que formava os filhos dos mais ricos da cidade, tampouco tinha compreensão e rede para conseguir uma bolsa. A outra possibilidade era entrar para uma faculdade pública na cidade do Rio de Janeiro, como o costume dos filhos dos mais ricos de Petrópolis, mas eu teria de me mudar, passar no vestibular e arcar com as despesas de moradia, passagens e alimentação. Eu não ousava vislumbrar esse projeto de vida, uma vez que meus trabalhos assalariados e minha família não poderiam garantir esse futuro.

Contudo, no ano de 2002, uma notícia maravilhosa alegrava a vida de muitos jovens petropolitanos, pois a Universidade Estácio de Sá - UNESA abriu um campus na cidade, com cursos a preços mais acessíveis para as famílias mais pobres. E ainda contemplava alguns estudantes com o Fundo de Financiamento Estudantil (Fies), um programa do Ministério da Educação que financia a graduação de estudantes em cursos superiores não gratuitos através da Lei 10.260/2001, permitindo que jovens e adultos da classe trabalhadora que desejem fazer uma faculdade sejam matriculados em cursos superiores que tenham avaliação positiva.

Foi uma importante fase de governo democrático no Brasil, pois, nos anos seguintes, o programa foi incentivado pelo governo Lula e os demais governos do PT (Partido dos Trabalhadores), juntamente com outras políticas educacionais do país, garantindo e ampliando a participação da classe trabalhadora nas universidades. Um tempo de garantia de direitos e emancipação através da implementação de políticas públicas para a melhoria de vida dessa classe. Ademais, em 2002, o Fies foi uma das primeiras políticas de Educação que garantiram essa inserção.

Eu entrei para a faculdade no segundo semestre de 2002, e logo no início do segundo período, fui contemplada com o Financiamento Estudantil, o que garantiu a continuidade dos meus estudos até o fim do curso. Uma jovem, negra, mãe de uma filha de dois anos de idade, além de cursar a faculdade de Letras, trabalhava meio período do dia num estágio remunerado no Centro de Cultura Raul de Leoni, atividade que complementava qualitativamente minha formação acadêmica por acessar conhecimentos de arte e cultura e ampliar minha rede. E foi assim que consegui, no início dos anos 2000, me desenvolver através da Educação e Cultura.

A universidade mudou profundamente a minha vida. Foi na graduação que eu me reconheci como mulher negra e compreendi o que significa ser uma mulher preta e pobre na sociedade da qual faço parte. Duas disciplinas foram fundamentais para esse processo de autoconhecimento identitário: Cultura Brasileira e Literaturas Africanas de Língua Portuguesa. Essas duas matérias apresentaram conteúdos importantes que continham informações e debates que eu não acessava até aquele momento. Em Cultura Brasileira, aprendi sobre as culturas que formaram o Brasil, principalmente a influência das diversas culturas africanas na nossa, das quais alguns aspectos me foram introduzidos ao longo da vida até de maneira estereotipada, estigmatizada e associada sempre ao mal (ao diabo). Eu guardo na memória o impacto que tive quando, durante uma aula, assisti ao documentário *Atlântico Negro: Na rota dos orixás* (1998), de Renato Barbieri, filme que mostra a africanidade na religiosidade e na cultura brasileira, evidenciando a origem cultural jêje-nagô, que em Salvador criou o candomblé, e no Maranhão, o Tambor de Mina.

Até aquele momento, aquele aspecto da cultura negra era, para mim, coisa do diabo, apesar de já estar num processo de questionamentos de tudo que aprendi como cristã ao longo da vida. Ao confrontar-me com a verdade contida naquelas palavras, com a abordagem intelectual em torno daqueles temas, uma catarse de sentimentos "sacudiu minha mente" e me aproximou de um universo de conhecimentos que estava prestes a desvelar.

Em Literaturas Africanas de Língua Portuguesa, conheci obras e autores que escreviam textos que poderiam ter sido feitos por mim, ou para mim. Eu soube de lutas, de filosofias, de culturas, de histórias e da beleza preta presentes na existência de africanos e africanas através dessa literatura. José Craveirinha, Amílcar Cabral, Caetano Costa Alegre, Mia Couto e José Luandino foram os primeiros poetas africanos que conheci na universidade. Através da leitura desses autores, comecei a me entender como mulher negra na sociedade brasileira e a compreender os fatores históricos, políticos e psicológicos dessa condição. Somente mais tarde, depois da universidade, na continuidade autônoma de meus estudos, enquanto leitora e pesquisadora, na busca de uma literatura com identidade e representatividade de pessoas negras, eu conheci uma literatura feita por mulheres negras, pois não tive esse conteúdo na graduação.

No ano de 2003, uma outra disciplina foi muito importante também: Literatura Infantil. Ao compreender o papel que essa linguagem exerce e como a literatura pode ser um instrumento de formação propositiva para crianças e adolescentes, eu, enquanto mãe, universitária, "tornando-me negra", comecei a procurar livros com personagens negros e negras para apresentar à minha filha negra, de três anos de idade. Foi quando me deparei de maneira consciente com um problema: cadê esses livros? Cadê esses autores? Cadê os personagens negros e negras representados sem estigmas e estereótipos? Cadê os personagens negros e negras com protagonismo na literatura infantil? A partir desse momento, a Literatura Infantojuvenil com protagonismo de pessoas negras passou a ser, na minha vida, não somente um tema de pesquisa e atuação, mas também uma causa.

Em 2005, na monografia de conclusão do curso, procurei entender o tipo de influência que a literatura infantil tem na construção de identidades da criança negra brasileira. O tema proposto teve por objetivo analisar até que ponto a presença hegemônica de personagens do biótipo europeu na literatura infantil influenciava a construção de identidades das crianças negras. Para a análise, foram escolhidos textos que abarcam as principais categorias que envolveram o estudo, a saber: literatura infantil, identidades, conceitos de ideologia, história do negro no Brasil e racismo.

O segundo movimento foi a análise do teor do discurso das entrevistas com meninas negras, entre cinco e doze anos, que cursavam as séries do primeiro segmento do ensino fundamental, onde eu acreditava que a literatura infantil fosse mais trabalhada. Reconhecendo que o contato com a literatura infantil é um importante aspecto do desenvolvimento intelectual da criança e que contribui sobremaneira para o desenvolvimento de suas identidades, um aprofundamento nessa questão me fazia necessário. A discussão foi em torno da seguinte provocação: a presença hegemônica de personagens brancos na literatura infantil influencia de que maneira na construção das identidades da criança negra?

A proposta da pesquisa foi indagar o papel que a literatura infantil exerce na construção de identidades da criança negra. Nesse trabalho, eu compreendi que as crianças entrevistadas realmente não conheciam personagens negros e negras, até por conta do predomínio de personagens brancos. Elas, em minhas respostas, afirmavam que desejavam ser como essas personagens. Sobre isso, bell hooks (2015, p. 51) afirma que "a maioria de nós frequenta escolas onde o estilo de ensino refletia a noção de uma única norma de pensamento e experiência, a qual éramos encorajados a crer que fosse universal".

Na pesquisa de campo, eu observei que, apesar de as crianças terem um padrão de beleza já internalizado e valorizarem suas personagens preferidas por isso, era perceptível em algumas a vontade de "se verem", de serem representadas também. Elas não eram tão passivas nesse processo de identificação, como se poderia acreditar. Isso ficou evidenciado quando, nas entrevistas, foi feita a pergunta: se vocês pudessem mudar alguma coisa nessas personagens, o que mudariam? A maioria das respostas foi no sentido de mudarem sempre algo que anteriormente tinham sinalizado como bonito e preferido. Elas mudariam cor de cabelo e olhos, tom de pele, sempre para algo próximo do que eram. É importante lembrar que as crianças entrevistadas tinham a pele preta, as quais eu identificava como negras.

Foi uma intensa trajetória durante minha graduação. Criei e realizei ações em torno da Literatura Infantojuvenil Negra – termo que será mais aprofundado no capítulo 2 – e contação de histórias através do Grupo Cultural Vozes da África. Este foi fundado por mim em 2003, para atuar em eventos da universidade com performances de poesias africanas de língua portuguesa, principalmente com poetas que lutavam pela libertação de seus países e tinham a poesia como forma de manifestação e divulgação de seus pensamentos revolucionários e anticolonialistas. A partir de 2006, o grupo começou a atuar com projetos, atividades e eventos com Arte e Cultura Negra para além do espaço da universidade.

A partir dos resultados do TCC, eu continuei me aprofundando nessa área, e a Contação de Histórias e Literatura Infantojuvenil Negra passou a ser a principal linguagem do grupo, abordando os aspectos da ancestralidade, identidade e representatividade negras. Tendo como objetivo promover ações criativas que contribuíssem para o combate ao racismo, e como ação para auxiliar na aplicação da Lei 10.639/2003, uma conquista política, que torna obrigatório o ensino da história e cultura afro-brasileira e africana e a importância da cultura negra na formação da sociedade brasileira nas grades curriculares dos ensinos fundamental e médio. Essa lei também estabelece o dia 20 de novembro como o Dia da Consciência Negra no calendário escolar.

Foi no mesmo contexto do estabelecimento dessa lei, que inaugura novos tempos em prol da Educação Antirracista[2], em 2003, que eu me aproximei dos estudos das relações étnico-raciais na Educação e passei a ter como tema de pesquisa e causa a Literatura Infantojuvenil Negra. Foi juntamente com a evolução dessa lei, e desse debate na sociedade, que eu me formei e me desenvolvi para me tornar a educadora, artista e ativista que sou hoje, por uma Educação Antirracista nos estabelecimentos de ensino e em espaços de construção de conhecimentos.

Há mais de 18 anos, eu atuo em escolas, espaços culturais, bibliotecas e eventos com contação de histórias e o conteúdo de Literatura Infantojuvenil Negra, tendo como ponto de partida a contação de história de *Alafiá, a princesa guerreira*, conto de minha autoria escrito em 2006. Depois de ter circulado por mais de uma década em muitas cidades e estados do Brasil, o conto foi finalmente publicado em junho de 2019. Essa história teve início quando, em 2007, ganhei uma premiação da *Revista Eparrei* e tive meu conto publicado no Especial Literário Dia da Mulher Negra. Essa publicação me despertou uma grande motivação, que me fez criar uma ação cultural de contação de histórias para apresentar Literatura Infantojuvenil Negra a crianças e adolescentes.

No capítulo seguinte, será desenvolvido o tema "Griô", mas, por ora, posso informar que, para mim, contação de Histórias de Inspiração Griô é uma maneira de narrar assuntos que permeiam a vida dos seres humanos: amor, aventura, humor, desafios, superação, valores e filosofias. Para o escritor tradicionalista Amadou Hampâté Bâ (1992), conforme apontado por Pacheco (2006, p. 41), "uma vez que a sociedade africana está fundamentalmente baseada no diálogo entre os indivíduos e na comunicação entre comunidades ou grupos étnicos, os griôs são os agentes ativos e naturais nessas conversações."

Essa contação de histórias que eu pratico pretende contribuir para a formação de identidades positivas de crianças e adolescentes e a transmissão de conhecimentos. Assim como muitos contadores de histórias, eu entendo que essa arte de narrar ensina e permite uma forte conexão com os personagens representados e apresentados nas histórias.

> Como uma concha mágica, que se leva ao ouvido, nossa história poderia começar com a expressão "Kwesukesukela...", que quer dizer "era uma vez, há muito tempo...", dita pela voz do contador tradicional, no que a plateia responderia "cosi, cosi...", que significa, entre os povos da África do Sul, "estamos prontos para ouvir". Um jogo de interações, um jogo-ritual. Os papéis estão estabelecidos, as divisões estão delineadas: quem conta e quem ouve. Contar história será sempre esse jogo de aproximações, esse ritual que ao mesmo tempo é culto e festividade (Sisto, 2012, p. 271).

A contação de histórias de inspiração griô defende a proposta de realizar uma narração que se desenvolve com referência nas dinâmicas dos griôs – pessoas sábias que, através da tradição oral, guardam em si os saberes e fazeres de muitos povos africanos e da diáspora africana[3]. Eles são considerados bibliotecas vivas, sempre muito estimados e respeitados nas comunidades às quais estão inseridos, onde desenvolvem cotidianamente linguagens e interações. No Brasil, temos, por exemplo, as Folias de Reis, Maracatus, Cocos, Jongos, Capoeira, Erveiras, Contadores de Histórias, Brincantes etc., com grande potencial artístico, cultural e histórico.

A partir desses paradigmas, a narração se apropria propositivamente desses elementos para narrar histórias negras preservadas na cultura oral e também contidas na literatura Infantojuvenil Negra, que ainda precisam ser desveladas e conhecidas. A intenção da contação de histórias de inspiração griô é que não só a palavra seja burilada de maneira artística, fazendo com que a verbalização do texto se torne um tecido artístico, mas que o corpo, cores, formas, expressões e movimentos sejam elementos narrativos que potencializam isso.

A contação de história de *Alafiá, a princesa guerreira*, carro chefe das oficinas, cursos e apresentações que eu realizo, narra a vida de uma princesa africana do antigo reino de Daomé, no continente africano, e que veio sequestrada para o Brasil através do tráfico negreiro, no período da colonização portuguesa. Essa princesa, na luta contra a escravidão, torna-se uma guerreira quilombola. O objetivo dessa apresentação criada por mim é contar "A História que a História não Conta", como afirma a letra do samba-enredo da escola de samba Estação Primeira de Mangueira, em 2019. Porém, agora, como resultado de lutas, reivindicações, leis e mobilizações, esse direito tem sido cada vez mais conquistado.

O propósito é narrar uma história que afirma que essas pessoas foram escravizadas, não nasceram escravas. Afirmar que elas pertenciam a uma sociedade organizada, trabalhavam, estudavam, enfrentavam desafios, tinham suas contradições, festejavam como todos os povos do mundo. Informar que foram trazidas à força para o Brasil e outras partes do mundo. Narrar que, em seus países, aldeias, comunidades e nações de origem, eram trabalhadoras, tinham suas funções sociais e muitas eram reis e rainhas, príncipes e princesas, líderes diversos, tal como a diversidade e infinidades de possibilidades de ser e estar no mundo presentes no continente africano.

Falar da luta quilombola, da resistência, da formação das famílias, produção cultural, econômica e artística, mesmo em contexto de escravidão, através da contação de histórias passou a ser extremamente relevante para mim. As contações de histórias de inspiração griô são um espaço para contar a história de um povo que sempre lutou pelos seus direitos, construiu este país, além de ressignificar sua existência em outro continente, mesmo com tantas adversidades. Por fim, construir uma oportunidade de observar e reconduzir posturas para a valorização da existência de figuras históricas em que todas as pessoasse reconheçam e se inspirem deve e pode ser um ato de amor dedicado a todas as crianças, adolescentes e jovens através da arte de contar histórias de inspiração griô.

Passada mais de uma década, com conhecimentos, experiências e habilidades pedagógicas de ensino acumulados ao longo de minha trajetória com os temas acima apresentados, em fevereiro de 2017, na CUFA – Central Única das Favelas, no bairro Madureira, subúrbio da cidade do Rio de Janeiro, eu iniciei o Curso de Contação de Histórias de Inspiração Griô e Literatura Infantojuvenil Negra. Em fevereiro de 2025, chegou ao fim a 29ª edição dessa iniciativa, formando quase 700 pessoas, a maioria professores, mas também artistas, ativistas e estudantes de todos os níveis do conhecimento.

A proposta do curso apresentou como conteúdo central a Literatura Infantojuvenil Negra, tendo como inspiração as dinâmicas dos griôs. O curso propôs o desenvolvimento da arte de contar histórias de inspiração griô e o mergulho nesse universo literário infantojuvenil negro – fundamentados na Identidade, Representatividade e Ancestralidade Negra. Além disso, teve como foco a compreensão e prática da diferença de ler e contar histórias, como uma atividade que abre espaço para a alegria e o prazer de ler, possibilitando o desenvolvimento da escrita, novas práticas de leitura, o conhecimento e o despertar da criatividade.

O principal objetivo desse projeto foi promover uma imersão para sensibilização e compreensão da importância de narrativas negras no cotidiano de crianças, adolescentes e jovens. Além de contribuir para uma formação continuada de professores e educadores na arte de contar histórias negras, apresentando-lhes um rico conteúdo de Literatura Infantojuvenil Negra.

Um dos principais impactos dessa iniciativa foi a criação do Grupo Ujima[4], na cidade do Rio de Janeiro. O nome reflete o compromisso a que o grupo se propõe: Ujima significa trabalho coletivo e responsabilidade. Trata-se de um dos sete princípios da celebração Kwanzaa[5], que acontece em alguns países negro-diaspóricos e é muito comum entre os afroamericanos. O grupo reúne contadores que passaram pelo meu curso e atuam com formação continuada e ação prática na cidade por meio da contação de histórias de inspiração griô.

O grupo Ujima realizou circuitos de contação de histórias de inspiração griô, em 2018 e 2019, em escolas municipais da cidade do Rio de Janeiro, alcançando mais de 5000 estudantes e aproximadamente 80 profissionais da educação pública e privada. As escolas contempladas estão majoritariamente localizadas nos bairros das zonas norte e oeste e em cidades da Baixada Fluminense. Desde sua criação, o grupo imergiu nas obras dos autores negros Sonia Rosa, Júlio Emílio Braz e Kiusam de Oliveira, referências na Literatura Infantojuvenil Negra, e na vida e obra da mestra de coco – e, portanto, griô – Martinha do Coco.

De acordo com as Diretrizes Curriculares Nacionais para a Educação das Relações Étnico-Raciais e para o Ensino de História e Cultura Afro- brasileira e Africana para obter êxito, a escola e seus professores não podem improvisar. Têm que desfazer mentalidade racista e discriminadora secular, superando o etnocentrismo europeu, reestruturando relações étnico-raciais e sociais, desalienando processos pedagógicos (Brasil, 2005, p. 15).

Tal afirmação informa e justifica a necessidade de atenção aos processos de formação – inicial e continuada – de professores/as, bem como solicita o comprometimento de iniciativas educativas que possam colaborar com a valorização da diversidade cultural no Brasil. Assim como a experiência promovida pelo Grupo Ujima.

Os principais campos de estudo que embasam este livro são as pesquisas sobre letramentos, que, no Brasil, têm como principais expoentes Magda Soares (2000) e Ângela Kleiman (1995). O desdobramento desses estudos nos traz o conceito de letramento racial crítico, central nesta obra, difundido no Brasil especialmente pelas pesquisas e cursos de formação de professores realizados por Aparecida de Jesus Ferreira (2014, 2015a, 2015b).

O letramento racial crítico é desenvolvido a partir dos princípios fundamentais da Teoria Racial Crítica, a saber: 1- a intercentricidade de raça e racismo; 2- o desafio à ideologia dominante; 3- o compromisso com a justiça social; 4- a perspectiva interdisciplinar; e 5- a centralidade do conhecimento experiencial. Ferreira (2014, 2015a, 2015b) atribui à Teoria Racial Crítica um importante papel na discussão acerca de raça e racismo, na emergência de contranarrativas e de pesquisas que colocam a raça como construto teórico-analítico central. A definição de letramento racial crítico desenvolvido pela autora é:

> Letramento racial crítico é refletir sobre raça e racismo, e nos possibilita ver o nosso próprio entendimento de como raça e racismo são tratados no nosso dia a dia, e o quanto raça e racismo têm impacto em nossas identidades sociais e em nossas vidas, seja no trabalho, no ambiente escolar, universitário, em nossas famílias, nas nossas relações sociais. [...]. Como formadora de professoras/es que sou, entender a importância de utilizar o letramento racial crítico na minha prática pedagógica é de extrema relevância para que assim possa também colaborar para que tenhamos uma sociedade mais justa, com igualdade e com equidade (Ferreira, 2015, p. 138).

Outro movimento deste livro é compreender a dinâmica dos griôs, analisando seu papel nas sociedades nas quais eles estão inseridos, tanto no continente africano quanto na diáspora negra brasileira, enquanto guardiões de saberes ancestrais preservados e transmitidos pela oralidade. A discussão pretende apontar o letramento proposto no que nomeamos de contação de histórias de inspiração griô, uma linguagem atravessada por valores ligados à circularidade dos saberes, à oralidade, à musicalidade, à dança, à ancestralidade e à memória africanas. A proposta aqui é desenvolver um conceito de letramento griô, direcionando um olhar atento para práticas e conhecimentos historicamente minimizados, estigmatizados e silenciados em sua importância pelo racismo estrutural da sociedade brasileira.

Serão apresentadas narrativas autobiográficas que relatam as experiências de professores e outros agentes que passaram pelo Curso de Contação de Histórias de Inspiração Griô e Literatura Infantojuvenil Negra. Os participantes são integrantes do Grupo Ujima. E a seguir, uma importante personagem, cuja trajetória se mistura, se revela e se manifesta, assumirá o papel de narrar a história contada aqui.

"Um griô conta a história":
saberes e fazeres da tradição oral em África e na diáspora negra

Meu nome é Alafiá, a princesa guerreira, do Reino de Daomé, um antigo reinado situado onde hoje é o país Benim, localizado na parte ocidental do continente africano. Sou uma personagem inspirada na trajetória das mulheres negras brasileiras, cujas antecessoras são mulheres africanas, advindas de algum lugar do referido continente. Minha criadora deu-me este nome tendo como referência a palavra aláfia, da língua iorubá, que significa felicidade, boa sorte, tudo de bom. No jogo de búzios[6], a palavra aláfia tem sentido positivo e é sinal de confirmação e caminhos abertos.

E abrindo os capítulos deste tecido verbal estruturado em forma de livro, peço licença aqui para revelar-me como a voz narrativa desta história a partir de agora. Neste capítulo primeiro, vou contar a história dos griots, nomeação do gênero masculino, e das griottes, nomeação do gênero feminino. Eles e elas são pessoas que guardam em si ensinamentos, cosmovisões de mundo, saberes ancestrais, conhecimentos sociais, históricos e políticos preservados através da tradição oral ao longo de suas vidas.

1.1 O Rei Leão, imperador que dá notoriedade aos griots/griottes

O termo griot/griotte é usado para nomear a função de pessoas que preservam memórias e fazem circular as palavras na África ocidental, que atualmente é formada por 16 países: Mauritânia, Mali, Níger, Senegal, Gâmbia, Guiné-Bissau, Guiné, Serra Leoa, Libéria, Burkina Faso, Costa do Marfim, Gana, Togo, Benim, Nigéria e São Tomé e Príncipe.

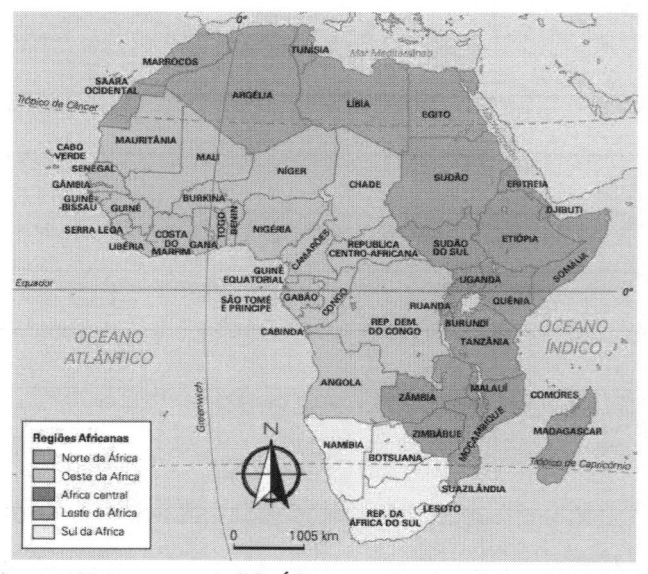

Figura 1 Divisão regional da África com base em proposta feita pela ONU
Fonte: Matos (s.d.)

Para contar a história dessas pessoas, cuja função social movimenta a circulação das palavras que nutrem as comunidades das quais elas fazem parte, com conhecimentos, saberes e arte, vou apresentar aqui brevemente a história de um importante rei, responsável pela oficialização, prestígio e notoriedade dos griots/griottes. No volume IV da obra *História Geral da África*, do século XII ao XVI, temos relatos da tradição oral que nos permitem saber da existência do grande Sundiata Keita, também chamado de Rei Leão, o imperador responsável pelo triunfo do Império Mali no século XIII, que se tornou um dos mais importantes reinos africanos.

> Existem vários centros, ou "escolas", de tradições orais no território mandenka (mandingo). Citemos, entre elas, Keyla, nas proximidades de Kangaba, mantida pelos griots do clã Diabate; Niagassola; Djelibakoro; Keita; Fadama etc. As tradições ensinadas nestas "escolas" dirigidas pelos "Mestres da Palavra", ou belen- tigui, constituem variantes do corpus da história do Mali, que tem como personagem central a figura de Sundiata Keita. Com diferença de pormenores, os principais traços acerca das origens do Mali e das façanhas militares do fundador do império são os mesmos em todas as "escolas" (Niane, 2010, p. 144).

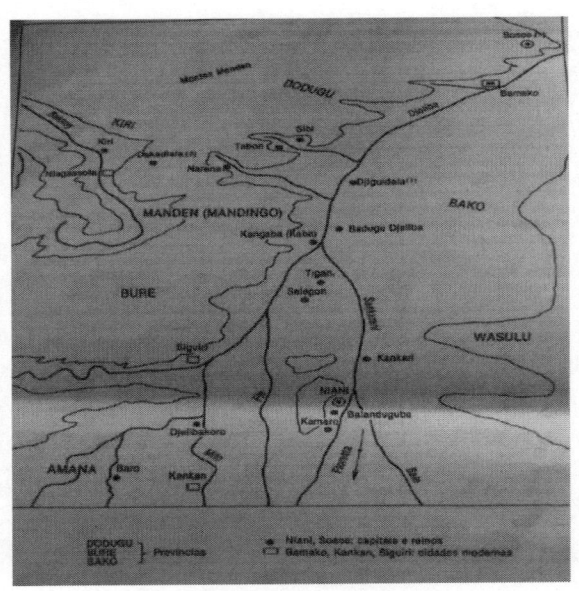

Figura 2 Mapa do Antigo Manden
Fonte: Niane (2010)

O reino do Mali teve origem com etnia mandinga[7], que, no seu surgimento, existia sob o domínio do império Gana (entre os séculos XI e XII). Nesse tempo, foram os reis do

Clã dos Keita que fundaram o Mali. A tradição nos informa que 16 reis antecederam Sundiata Keita, e todas as fontes orais também afirmam que eles eram "mestres-caçadores", a primeira força militar do Manden (conjunto de territórios mandingas). E todas as tradições também são compatíveis em informar sobre a introdução do Islã muito cedo na região (Niane, 2010). Sundiata Keita, quando criança, foi o único membro sobrevivente da família real, que reinava no período da decadência do Império Gana (início do século XIII), quando toda sua família foi assassinada. O menino Keita foi poupado por ter sido considerado uma criança com deficiência física e mental.

Sundiata teve uma infância árdua, pois sofria de paralisia nas pernas. Sua mãe era constantemente insultada por ter um filho com deficiência e, quando finalmente ele conseguiu andar, tornou-se líder do seu grupo etário, mas precisou fugir para exilar-se em Gana. No exílio, ele aprendeu magias e tornou-se um exímio caçador, um excelente guerreiro e líder. Anos mais tarde, reuniu um grande e poderoso exército para retomar o Mali e restaurar o reinado dos mandingas.

Essa retomada teve como marco a grande Batalha de Kirina, quando Sundiata Keita retornou ao seu país de origem com seu exército. O que gerou grande entusiasmo entre os clãs Mandingas, que reuniram seus exércitos e se encontraram com Sundiata na planície de Sibi, juntaram suas forças e, sob a direção dele, lutaram pela retomada do Mali. A batalha foi árdua. O exército de Keita enfrentou o poderoso e numeroso exército de Sumaoro Kante, que reinava na época. Foi uma guerra de batalhas sangrentas, cheia de mistérios e magias e um segredo revelado por Nana Triban – irmã de Keita que havia sido forçada a casar-se com Sumaoro Kante – e pelo griot Bala Fasseke Kuyatê, que fugiram e juntaram-se ao povo, garantindo a vitória da dinastia dos Keita.

Sumaoro era invulnerável ao ferro e sua fraqueza era uma espora de galo branco. A partir do momento que ele soube da fuga da esposa e do griot, já sabia que seu segredo havia sido revelado e se abateu. Ficou desanimado e sem esperança no campo de batalha, sem a garra que inflama e motiva os soldados, porém não fugiu à luta. Sumaoro Kante foi à guerra, mas seu exército foi derrotado e ele foi morto por uma flecha que portava a tal espora do galo branco. E foi assim que, apoiado por potentes generais, o Rei Leão dominou quase a totalidade dos territórios controlados pelo Império Gana. Sundiata foi proclamado o primeiro mansa (na língua mandinga) da história do Mali, que significa Imperador, Rei dos Reis. Ele recebeu muitos nomes e títulos: Magban Sundiata, o "Rei Sundiata"; Maridiata, ou "senhor Diata", o Leão; Nare Magban Konate, o "Rei dos Konate, filho de Nare Maghan" e Simbon Salaba, o "mestre-caçador de fronte venerável" (Niane, 2010).

Sundiata era convertido ao islamismo, portanto, a expansão do seu reino a partir da aliança entre os clãs e conquistas de territórios também proporcionou uma expansão dessa religião. Contudo, foi tolerante com a cultura e costumes dos povos conquistados, configurando um sincretismo no contexto cultural e comercial. Sua gestão foi marcada pelo gosto pela cultura, investiu na criação de bibliotecas e tinha um intenso comércio de livros, que era um artigo caro e raro. A família de Sundiata Keita originou o homem mais rico de toda a história da humanidade, seu sobrinho neto Mansa Musa, até hoje, nenhum economista ou historiador conseguiu precisar tamanha riqueza.

Na ocasião da coroação do Mansa Sundiata Keita, foi feita *A carta do Mandinga*, também chamada de carta Kurukan Fuga[8], criada pelos 16 clãs, documento que pode ser considerado uma das primeiras constituições do mundo. Essa constituição estabeleceu uma divisão de poderes e direitos de autonomia, caracterizando funções para cada um dos clãs do Império Mali. Previa-se na carta o que teriam sido os primeiros direitos humanos no mundo. Esse documento não era escrito, já que as tradições desses reinos africanos eram pautadas pela oralidade. Os griôs foram estabelecidos como os responsáveis por carregar, contar e repassar as histórias e os conhecimentos dos povos ancestrais, sendo eles um dos 16 clãs.

Vejamos abaixo alguns fatos pontuados na ocasião dessa "assembleia" que evidenciam a força da constituição, que apresenta a configuração da estrutura social estabelecida, o reconhecimento das particularidades de cada região e o sistema de clãs de ofício, do qual os griots/griottes fazem parte, e a garantia à hereditariedade das funções. Sendo esses, segundo Niane (2012. p. 152):

> a) Sundiata Keita foi solenemente proclamado mansa (em maninka) ou maghan (em soninke), isto é, imperador, rei dos reis. Cada chefe aliado foi confirmado farin de sua província; apenas os chefes de Nema e Wagadu receberam o título de rei.
>
> b) A Assembleia decretou que o imperador deveria ser escolhido na linhagem de Sundiata, e que os príncipes escolheriam sua primeira esposa no clã Konde (como recordação do feliz matrimônio de Nare Fa Maghan e Sogolon Konde, mãe de Sundiata Keita).
>
> c) Decidiu--se que, em conformidade com a tradição antiga, o irmão sucederia ao irmão (sucessão fratrilinear).
>
> d) Proclamou--se que o mansa seria o juiz supremo, o patriarca, o "pai de todos os seus súditos" – daí a fórmula Nfa mansa, "Senhor, meu pai", usada por quem se dirigia a ele.
>
> e) Os Maninka e aliados agruparam--se em 16 clãs de homens livres ou nobres (tonta -dion tani woro), os "portadores de aljavas".
>
> f) Os cinco clãs de marabus – entre os quais os Ture e os Berete aliados desde o início, que participaram já da missão que

fora buscar Sundiata Keita no exílio, foram proclamados os "cinco guardiães da fé", ou mori kanda lolu. Entre esses clãs, é preciso incluir os Cisse (Sisse) do Wagadu, islamizados, aliados políticos de Sundiata Keita.

g) Os homens que praticavam determinados ofícios foram divididos em quatro clãs (nara nani), entre os quais os griots, os sapateiros e certos clãs de ferreiros. Os nomes clânicos mandenka foram reconhecidos como correspondentes de nomes clânicos de outras etnias do Sudão; estabeleceram-se relações jocosas de parentesco entre as etnias, prática que perdurou após a morte de Sundiata, e que não raro contribuiu para reduzir tensões entre grupos étnicos. Para recompensar os barqueiros somono e bozo do Níger, Sundiata deu-lhes o título de "mestres das águas". Conforme narra a tradição, o imperador "dividiu o mundo", isto é, fixou os direitos e deveres de cada clã.

h) Medida especial aplicou-se aos Sosoe: foram divididos entre os clãs de ofício ou castas, e seu território foi declarado domínio imperial. Muitos deles emigraram para oeste.

Conforme afirmei anteriormente, foi nesse contexto de formação, expansão e apogeu do Império Mali, protagonizado por Sundiata Keita, que os griots/griottes ganharam "notoriedade, prestígio e oficialização". O papel de fazer circular a história através das palavras, conforme a tradição oral, tornou-se função fundamentalmente primordial na estrutura social do Mali. Na constituição, registra-se que o griot/griotte tem o dever e o direito de transmitir, com ludicidade, à sociedade conhecimentos, saberes e a história do seu povo. Conforme descrição do artigo 43 da carta do mandinga, referente ao griot Balla Fassèkè Kouyaté, que atuou ao lado de Sundiata desde as batalhas de conquista do Império Mali: "Artigo 43º: Balla Fassèkè Kouyaté é nomeado chefe de cerimônias e principal mediador no Império do Mali ou Manden. Ele tem permissão para brincar com todos os grupos, em prioridade com a família real."

Sobre a palavra griot, ainda não se sabe ao certo a sua

origem, que pode ser europeia, mas também há estudos que afirmam a possibilidade de ser africana, como nos apresentam as pesquisas de Santos (2015) e Hale (2007). De acordo com Noguera (2019, p. 264 *apud* Santos, 2015, p. 163):

> Antes de prosseguirmos é muito pertinente perguntar, esses termos estão corretos? Toumani Kouyaté ensina a língua que as palavras são respectivamente djeli e djeliba e guerouali. Conforme o Djeli do clã Kouyaté, as palavras griot e griotte não são nativas. "Esta palavra parece ter diversas origens, alguns dizem que vem do termo guirilô, do francês, outros dizem que vem do termo 'criado', do português".

Thomas Hale elenca diversas hipóteses de origem, mas conjectura que as palavras "griot" e "griotte" podem ter vindo do Império de Gana, onde a palavra "guiriot" funcionaria como denominação de pessoas com muitas habilidades verbais e musicais. Embora não se encontre consenso na origem da palavra, alinho-me com Noguera (2019), que, a partir das afirmações de Hale (2007), defende o uso estratégico do termo griot. Essa palavra engloba de maneira positiva, em países da diáspora africana, funções sociais complexas e tradicionais, reconhecidas e valorizadas por toda África ocidental.

Concordo com Noguera (2019; 2020) que usar a palavra griot não significa refutar o termo originário, mas, sim, optar por um termo que contemple essa função social tanto no continente africano quanto em países da diáspora africana, como o Brasil. Ressalto também o fato de que Thomas Hale aponta a possibilidade de griot ser uma palavra advinda do Império Gana do século XI. Ainda, Noguera (2019) nos apresenta nomes específicos nas línguas africanas dos países em que se encontra a função griot, como "djeli" na língua maninca, "diele" na língua bambara, ou "jeli" no idioma fula.

Vos convido agora a se aterem ao significado literal da

palavra "djeli" – sangue. Reflitam comigo: sangue é o tecido líquido vital do nosso corpo, que percorre por entre veias e artérias carregando os componentes vitais que garantem o funcionamento do nosso organismo. Logo, sem sangue, sem vida. Apresento-vos uma analogia: as sociedades nas quais estão inseridos os griots precisam essencialmente da função social para que, através da palavra, que carrega os componentes vitais do corpo social, circulem elementos necessários e fundamentais à sua existência.

> Uma sociedade só se mantém viva porque as histórias circulam por ela. Um mundo sem narrativa deixa de existir. Nosso ponto de partida é simples, a vida é um fenômeno narrativo. O que define os seres humanos não é a razão, tampouco o trabalho; mas, a nossa capacidade de contar histórias (Noguera, 2020, p. 05).

O griot/griotte é o guardião da palavra; esta contém conhecimentos, informações e ensinamentos que traduzem culturas, filosofias e cosmovisões de um grupo, de uma nação, de povos. A função griot cumpre o papel de garantir a funcionalidade e o desenvolvimento de uma sociedade. Os griots e as griottes conhecem as histórias e também as necessidades de sua comunidade e, através da arte de narrar, transmitem esses conhecimentos. Entretanto, a função do griot/griotte não é só a de narrar histórias. O griot Hassane Kouyaté, de Burkina Faso, país da África Ocidental, na palestra intitulada "Para além da arte", realizada em setembro de 2013 na SP Escola de Teatro, nos ensina:

> Antes de mais nada ele é um mediador da sociedade, entre duas pessoas, duas famílias, duas pequenas cidades, duas cidades, dois continentes, vários continentes. Ele deve fazer sempre a ponte entre os seres humanos (...) Ele ensina para as crianças através dos contos, provérbios, e os jogos de adivinhação e assim por diante. Ele organiza todas as cerimônias segundo o triângulo da existência: o primeiro ponto é o nascimento, segundo ponto a iniciação, o terceiro ponto a morte. E

os três pontos são religados de maneira circular, que é o círculo da vida, nascimento, iniciação, morte, renascimento, iniciação, morte e assim por diante.

Ainda sob a luz dos estudos de Noguera (2019; 2020), na África do Oeste, entre os povos bambara, mandinga, dogon, dagara, fula, senufo, peul e tantos outros, a educação se divide em períodos cíclicos de sete anos, principalmente em se tratando da educação dos griots e griottes. Ao fim desses anos, se encerram e se iniciam fases. É o período de ganhar habilidades para buscar aquilo que se pretende alcançar. Dos 21 aos 42 anos é que a formação se legitima e, nessa fase, o griot e a griot têm permissão para usarem a palavra publicamente, inclusive perante as pessoas mais velhas. De 42 a 63 anos, é a fase de transmitir o que foi aprendido; é obrigatório desempenhar a função com total dedicação e atenção. E após os 63 anos, é o fomento de formar novos griots e griottes.

1.2 Oralidade e Escrita: o saber e a fotografia do saber

Outro elemento importante que nos auxilia na compreensão do papel do griot e da griotte é entendermos como basicamente funciona o sistema de tradição oral africana. E para vos apresentar essa questão, o farei à luz do referencial teórico do escritor tradicionalista malinês Amadou Hampaté Bâ, que, em *A tradição viva*, inicia seu texto com uma citação do maliano Tierno Bokar, afirmação para mim carregada de relevância, a partir da qual também começarei essa abordagem:

> A escrita é uma coisa, e o saber é outra. A escrita é a fotografia do saber, mas não o saber em si. O saber é uma luz que existe no homem. A herança de tudo aquilo que nossos ancestrais vieram a conhecer e que se encontra latente em tudo o que nos transmitiram, assim como o baobá já existe em potencial em sua semente (Hampaté Bâ, 2010, p. 167).

Compreendo que, no pensamento colonial vigente em nossa sociedade, não só no senso comum, mas também presente na mentalidade de produtores de conhecimentos acadêmicos, a oralidade constitui um valor menor que a escrita. Essa compreensão não é trivial, e sim base de uma colonialidade[9] que mantém estruturas de dominação. O que prova que a escrita é mais fidedigna à realidade que a oralidade transmitida por gerações? Para entendermos as histórias e dinâmicas sociais dos povos africanos, é preciso compreender essa herança ancestral de transmissão de conhecimentos de geração em geração. É necessário compreender o valor atribuído à palavra nessas sociedades. Em *A Tradição Viva*, Hampaté Bâ propõe uma mudança de perspectiva no sentido de se ater ao problema de atribuir ou não à oralidade a mesma legitimidade que a escrita, pois, orais ou escritos, os testemunhos são humanos. Em todos os tempos da história da humanidade, a escrita vem da oralidade; o primeiro lugar do mundo de armazenamento, inventário, biblioteca de conhecimentos e informações foram os cérebros humanos.

O tradicionalista também afirma: "Na África quando morre um ancião é como uma Biblioteca que se queima". O ato de escrever vem da recordação, organização dos fatos e das experiências nas mentes, portanto, no testemunho, seja ele escrito ou falado, o que vale é seu emissor. Como o autor também cita: "como se diz (na África), cada partido, ou nação 'enxerga o meio-dia da porta de sua casa' através do prisma das paixões, da mentalidade particular, dos interesses ou, ainda, da avidez de justificar um ponto de vista" (Hampaté Bâ, 2010, p. 168). O valor das narrativas, sendo elas orais ou escritas, é o valor do emissor da mensagem. Atribuir dúvida a uma transmissão não é nada relevante, uma vez que nem à escrita deve-se conferir valor total de fidedignidade de uma realidade. Nenhum documento escrito está livre de falsificações, mudanças, equívocos de tradução, ideologias, intenções, dentre outros atravessamentos nos processos de escrita.

  O que se encontra por detrás do testemunho, portanto, é o próprio valor do homem que faz o testemunho, o valor da cadeia de transmissão da qual ele faz parte, a fidedignidade das memórias individual e coletiva e o valor atribuído à verdade em uma determinada sociedade. Em suma: a ligação entre o homem e a palavra (Hampaté Bâ, 2010, p. 168).

Nas sociedades africanas em que a tradição oral predomina, a palavra é sagrada e tem relação com o divino. Uma pessoa que faltar com a palavra e/ou mentir terá sérios problemas e prestará contas disso. O compromisso com a verdade e com a transmissão de conhecimentos para que as sociedades se desenvolvam e vivam plenamente a vida torna a mentira indesejável e repudiada.

  Hampaté Bâ (2010) nos ensina sobre a dinâmica dos tradicionalistas-domas, os contadores de histórias africanos, que têm um compromisso com a verdade na transmissão de conhecimentos e ensinamentos. Os domas são uma categoria de contadores de histórias tradicionalistas que, antes mesmo de falarem, evocam seus ancestrais para assisti-los e não permitirem equívocos ou lapsos de memórias, com o objetivo de que as palavras não sofram alterações ao serem transmitidas. Eles são diferentes dos griots/griottes, que, pela tradição, ao transmitirem conhecimentos, podem embelezar e alterar os fatos, lapidando a palavra com o fim de atrair, emocionar e divertir o público.

  A tradição oral não se trata somente de relatos, histórias e mitos. A oralidade africana permeia todos os aspectos da vida, e seus principais transmissores são os ofícios artesanais. Noguera (2019, p. 03), fundamentado nos estudos de Bâ (2004) e Bernal (2013), nos informa cinco classes de artesãs e artesãos, que são as famílias que trabalham com o ferro, tecidos, madeira, couro e a palavra. Os griots são desta última. Existe uma diversidade de atividades feitas por eles, e uma sistematização feita por Hale (2007, p. 07) nos apresenta dez: "Filosofia; História/Genealogia; Contação de Histórias; Psicologia/Medicina; Fala Pública/Palestra; Diplomacia/Mediação de conflitos; Intérprete de língua estrangeira; Música/ Composição/Canto; Ensino e Reportagem".

Entender como funciona a tradição ajudará na compreensão do papel do griot africano, o jeli, como dito, o sangue que corre nas veias das sociedades com o tecido vivo carregado de vitalidade, o qual garante a vida e o funcionamento do corpo social. Qualquer afirmação ou mentalidade que coloca a escrita num grau hierárquico em detrimento da oralidade, matéria-prima dos griots e griottes, atende aos esquemas colonialistas de dominação, cujo *modus operandis* é o processo de desqualificação, invisibilização e ocultação de saberes, conhecimentos e cosmovisões de mundo do ser dominado, ou que se pretende dominar; o epistemicídio. Santos e Meneses (2009, p.183) nos afirmam o seguinte:

> O mundo é um complexo mosaico multicultural. Todavia, ao longo da modernidade, a produção do conhecimento científico foi configurada por um único modelo epistemológico, como se o mundo fosse monocultural, que descontextualizou o conhecimento e impediu a emergência de outras formas de saber não redutíveis a esse paradigma. Assistiu-se, assim, a uma espécie de epistemicídio, ou seja, à destruição de algumas formas de saber locais, à inferiorização de outros, desperdiçando--se, em nome dos desígnios do colonialismo, a riqueza de perspectivas presente na diversidade cultural e nas multifacetadas visões do mundo por elas protagonizadas.

Portanto, apresento uma história que, para compreendê-la profundamente, será necessária a descolonização[9] do pensamento para entender o papel da oralidade para além do paradigma eurocêntrico colonial que lhe atribui o valor de atraso. A partir disso, poderemos juntos compreender cada vez mais a função griot que resiste ao longo dos séculos. Uma função potente que se configura em processos pedagógicos singulares, de ensino e transmissão de conhecimentos que podem se aliar à escrita e outras linguagens, sendo esta uma tecnologia ancestral altamente sofisticada.

Para além da função mecânica de ecoar palavras, a tradição oral cumpre um papel de depositária de saberes que são passados de geração a geração. É um mecanismo habilidoso e pedagógico de transmissão e formação. Esse é um sistema complexo, nada simples, em que o enunciador deve se dedicar a essa prática, cuja entrega é comprometida com a veracidade da mensagem. E assim como um texto escrito se delineia a partir de um ponto de vista, uma historicidade, um contexto, uma cultura, a tradição oral também se apresenta nessas bases. Ela cumpre a função social de preservar, organizar, informar e formar. Vansina (1982) afirma que "a oralidade é uma atitude diante da realidade e não a ausência de uma habilidade." Além de complexa, a oralidade também é dinâmica. É viva e latente.

E é possível observar aspectos metodológicos em sua estrutura tal como observa-se num texto literário. Em *A tradição oral e sua metodologia*, Vansina (2010) nos apresenta as seguintes formas fundamentais: a) formas estabelecidas: poema e fórmula; b) formas livres: epopeia e narrativa. As formas estabelecidas podem ser decoradas, como os poemas, que se apresentam numa estrutura, incluindo as canções, ou podem ser fórmulas como os provérbios, as charadas, as orações, as genealogias, cuja regra é a gramática da língua corrente.

As formas livres se apresentam pela livre escolha do artista, como as epopeias, que, nesse caso, ele escolhe suas palavras dentro de um conjunto de regras formais, como, por exemplo, as rimas, tonicidade e quantidade de sílabas. As narrativas são as formas livres que compreendem a maioria das mensagens histórias conscientes e permitem ao artista fazer diversas combinações, experimentações e remodelagens que reajustam os episódios. Ampliam-se as descrições e o desenvolvimento da história, pois elas são livres de classificações e não têm um sistema.

> Tudo que uma sociedade considera importante para o perfeito funcionamento de suas instituições, para uma correta compreensão dos vários status sociais e seus respectivos papéis, para os direitos e obrigações de cada um, tudo é cuidadosamente transmitido. Numa sociedade oral isso é feito pela tradição, enquanto numa sociedade que adota a escrita, somente as memórias menos importantes são deixadas à tradição. É esse fato que levou durante muito tempo os historiadores, que vinham de sociedades letradas, a acreditar erroneamente que as tradições eram um tipo de conto de fadas, canção de ninar ou brincadeira de criança (Vansina, 2010, p. 146).

Diante do exposto, é possível compreendermos a tradição oral como um sistema de comunicação altamente sofisticado. E reconheço que a memória do griot é o principal instrumento desse sistema. É um drive amplo, cuja capacidade pode ser entendida através das palavras de Amadou Hampaté Bâ, descritas no prólogo do livro *Amkoullel, o menino fula* (2013, p. 11):

> Muitos amigos que leram o manuscrito mostraram-se surpresos. Como é que a memória de um homem de mais de oitenta anos é capaz de reconstituir tantas coisas e, principalmente, com tal minúcia de detalhes? É que a memória das pessoas de minha geração, sobretudo a dos povos de tradição oral, que não podiam apoiar-se na escrita, é de uma fidelidade e de uma precisão prodigiosas. Desde a infância, éramos treinados a observar, olhar e escutar com tanta atenção, que todo acontecimento se inscrevia em nossa memória como em cera virgem. Tudo lá estava nos menores detalhes: o cenário, as palavras, os personagens e até suas roupas.

Após essa contextualização narrada sobre o griot africano, eu vos pergunto: e no Brasil, quem são os griots? Na África do oeste, como vimos acima, para ser um griot, é preciso nascer em uma família griot, como os kouyatés, por exemplo, pois essa pessoa é preparada durante toda sua vida para essa função. No Brasil, podemos compreender um processo de apropriação propositiva do termo, pois já usamos a palavra aportuguesada griô para pessoas que preservam e transmitem de geração em geração saberes e conhecimentos através da tradição oral. Apesar de todo o processo violento de colonização, que escravizou primeiramente os povos originários e, em seguida, homens e mulheres sequestrados de várias partes do continente africano, seus descendentes não seriam pessoas que cumprem em território da diáspora africana as funções semelhantes às do griot oriundo da África Ocidental?

No Brasil, seguindo a lógica dominante, a escrita passa a ser um instrumento de poder. A verdade e o conhecimento dito válido são determinados por essas elites, entendendo aqui esse modelo de letramento reduzido a processos de escrita. Por outro lado, a despeito de uma mentalidade vigente que coloca os que têm a oralidade como principal fonte de transmissão de saberes, e não a escrita, logo desprovidos de conhecimento e cultura, encontramos homens e mulheres que, através da tradição oral, continuam transmitindo conhecimentos, preservando saberes e cultivando suas memórias ancestrais.

Na África ocidental, nos países de tradição oral, o sistema sofisticado dessa tradição nos apresenta ofícios bem distintos e definidos, onde a função griot é um deles. E dentro deste ofício, encontramos variadas atividades executadas por esse griot, como já foi apresentado, conforme Hale (2007).

Já no Brasil, o lugar do griô sofre uma mudança de paradigma ocasionada pelos novos contextos forjados nos territórios do sistema escravagista, que fragmenta, separa e destrói culturas. Territórios onde a resiliência – dos africanos escravizados e seus descendentes – permitiu remontar, remodelar, preservar e cultivar outras possibilidades de manifestação e existência. Denominam-se griôs pessoas que transmitem conhecimentos tradicionais através da oralidade, como veremos nas funções listadas no texto do Projeto de Lei Griô (Lei 1.786/2011), ponto que abordaremos abaixo.

1.3 O Projeto de Lei Griô

O Ponto de Cultura Grão de luz e Griô da Bahia mobilizou o surgimento de redes de valorização dos saberes tradicionais e pessoas que possuem esses saberes. Desse movimento, criou-se a Ação Griô Nacional em 2006, que teve como um de seus resultados o Projeto de Lei nº 1.786, de 2011, a chamada Lei Griô, formulada pela Deputada Federal Jandira Feghali, que "institui a Política Nacional Griô, para proteção e fomento à transmissão dos saberes e fazeres da tradição oral". A proposta, que, até o presente momento, ainda está em tramitação no Congresso Nacional, em seu capítulo I, artigo 2º, parágrafo único, reconhece como griôs as pessoas que têm como atividade os seguintes ofícios:

> I - mestre(a) das artes, da cura e dos ofícios tradicionais;
> II - pajê, zelador, mãe e pai de santo e demais líderes religioso(a)(s) de tradição oral;
> III - brincante;
> IV - contador(a) de histórias;
> V - poeta/poetisa popular;
> VI - congadeiro(a);
> VII - quituteira(o);
> VIII - baiana(o) de acarajé;
> IX - pescador(a) artesanal;
> X - marisqueira(o);
> XI - quebradeiro(a) de coco;
> XII - jongueiro(a);
> XIII - folião(ã) de reis;

XIV - capoeirista;
XV - parteira(o);
XVI - erveira(o);
XVII - rezador(a);
XVIII - benzedor(a);
XIX - caixeiro(a);
XX - carimbozeiro(a);
XXI - reiseiro(a);
XXII - cantador(a);
XXIII - tocador(a);
XXIV - cirandeiro(a);
XXV - maracatuzeiro(a);
XXVI - coquista;
XXVII - marujo(a);
XXVIII - sambista;
XXIX - artista de circo;
XXX - artista de rua;
XXXI - bonequeiro(a);
XXXII - mamulengueiro(a);
XXXIII - catireiro(a); XXXIV- repentista;
XXXV - cordelista;
XXXVI - artesão(a);
XXXVII - fandangueiro(a);
XXXVIII - arcador(a)/gritador(a) de quadrilha e leilão;
XXXIX -guardiã(o) de cordão de pássaro
XL -outros(as) transmissores(as) de todas as demais expressões culturais populares de tradição oral do Brasil.

Pelo menos 40 ofícios são listados no Projeto de Lei Griô, e a descrição aponta para a possibilidade da existência de outros ofícios de transmissores dos saberes tradicionais. Como o griot/griotte africano, os griôs brasileiros são pessoas dotadas de saberes e habilidades de transmissão de conhecimentos, manutenção e criação cultural e artística. Ou seja, que compõem o patrimônio cultural brasileiro, construído através da arte de contar histórias, gestualidades, corporeidades, vivências, transmissão e manutenção dos valores ancestrais guardados em si.

É nesse contexto cultural que podemos situar a apropriação do griot africano pelo Griô brasileiro. A partir dessas matrizes culturais africanas e indígenas desenvolvem-se diversos grupos que têm na tradição oral a transmissão de seus conhecimentos e saberes advindos da vivência e experiência de mundo. Segundo Lilian Pacheco e Marcio Caires, os Griôs seriam pessoas responsáveis pelos ensinamentos e transmissão de conhecimentos tradicionais ligados à oralidade e a saberes referentes ao mundo sagrado e profano. Assim poderíamos identificar como Griôs as rendeiras, as mães e pais-de-santo, as reiseiras, os mestres de capoeira, os mestres de samba-de-roda, as rezadeiras e curadores, as parteiras e muitos outros personagens representantes da sabedoria da tradição oral (Lima; Costa, 2010, p. 237).

Os griôs brasileiros são os responsáveis pelos nossos saberes ancestrais e afro- civilizatórios preservados ao longo dos séculos. No dia a dia, os griôs vivem numa ordem social, cuja estrutura do país reserva o lugar da desigualdade e injustiças sociais. Entretanto, são seus conhecimentos e organização cultural que garantem o funcionamento da vida nas comunidades nas quais estão inseridos. E para evidenciar como é comum a presença do(a) griô brasileiro(a) na nossa sociedade, bem como a importância do papel que eles desempenham, o farei a partir de dois exemplos da função griô de minha família. O primeiro será o de minha avó materna Antônia Alves e o segundo, de Dona Tânia, minha mãe, mulheres já apresentadas aqui. Minha avó Antônia era parteira e, oficialmente, aprendeu o ofício com sua sogra Alzira, mãe de criação do meu avô Geraldo, marido de minha avó.

1.4 A Griô Antônia Alves
Ciente da importância dos griôs e os identificando em minha família, nos últimos anos, passei a buscar informações através das histórias contadas por minha avó e outros parentes mais velhos, o que não foi difícil, uma vez que ela continuava contando histórias todas as vezes que alguém estivesse

disposto a ouvir. Numa dessas histórias, registrada no vídeo *A Griô Antonia Alves*[15], ela narrou como recebeu misteriosamente alguns dons, sendo um deles o de ser parteira.

(...) *eu fiquei muito ruim e mamãe pegou e me deu um remédio e papai ia chegar e me levar no médico né. Aí quando a mulher foi pra... A mulher estava me olhando da porta, porta do quarto. Mas eu cacei a...* (e faz um gesto com as mãos como se procurasse a cama debaixo do seu corpo), *fiquei com medo. Eu quis levantar e não achei minha perna, levei a mão na cama e não achei o pau da cama pra me levantar. Ela me bobô. E ela ficou me olhando, uma mulata bonita, cheia de jeito beleza, me olhando, nem rindo, nem conversando e olhando pra mim. Quando ela foi sumindo, cê tá me entendendo? Quando ela foi sumindo, o letreiro apareceu. Igualzinho... Não tem esse letreiro de escola, que a gente escreve? Pois é, apareceu esse letreiro com tudo ali, tudo que eu quiser pedir Deus. Entendeu? E a mulher sumiu. Nem conversou nada comigo, aí o letreiro também sumiu. Eu gravei tudo. Mordida de cobra...*

(...) *eu estava criança, com onze anos ainda, aí depois eu fui pra casa da minha irmã, mamãe morreu, eu fiquei com 11 anos, e fui pra casa da minha irmã, da madrinha Maria, aí o Fernando nasceu na minha mão, e ninguém sabe. Você me entendeu...? E morreu o assunto. O primeiro parto que eu fiz foi o do Fernando da Madrinha Maria.*

(...) *Aquele nasceu na minha mão com o letreiro que eu aprendi a fazer parto. Aí depois despistei que a minha sogra que era parteira e que passou...*

(...) *Tem que ver a altura da criança, se ele vem de pé, se ele vem de mão, se ele vem de bunda, quem é que vai adivinhar? Aí é que tá...* (...) *Coloco uma luva, passeia o dedo por dentro... Se tiver de cabeça ele vem certo. E se ele tiver de braço ou de bunda, hum!? Tudo é Deus que me ajudava a fazer. Ih, não tem aquele botequim ali? A irmã deles, os meninos tudo nasceu na minha mão. Tem um açougueiro ali atrás que nasceu na minha mão, eu cortei o umbigo, eu cuidei do umbigo dele e tudo, o Zé Antônio. Os meninos da Laerte tudo nasceu, quase tudo nasceu na minha mão. A Dinha, a dona daquela casa ali, também nasceu na minha mão os meninos dela. Aí um sanfoneiro que tinha aqui, o mestre sanfoneiro Milium, meu padrinho, nasceu o menino e ele ficou bobo, ele foi tocar, chegou, o menino estava bem em cima da cama dele e eu dando café a madrinha... Ele ficou tão bobo que ele passou a mão no menino e levou ela no médico... Pra registrar o imbigo...*

(...) E eu comecei a fazer parto, ficava com dó das minhas colegas, com medo delas morre, assim né, aí eu fazia parto.

(...) Porque eu fazia o parto assim, sem ganhar nada né, era mesmo fazer um favor no meio das minhas colegas. Tão tudo por aí: eu tenho filho de imbigo, eu tenho menino rico, eu tenho menino pobre, agora que eu fiquei ruim aqui, veio uns dois de longe me vê e já voltaram...

Nesse dia, minha avó também me contou sobre outros dons que "recebeu", como o de benzedeira, conhecedora de ervas e unguentos para cura, e especialmente sua fé em Deus, segundo ela, a principal aliada de suas missões.

Figura 3 Antonia Alves no Natal de 2018 na cidade de Raposo, RJ
Fonte: Acervo da família (2018)

1.5 Zabelinha e o ovo do gigante

Uma outra detentora de conhecimentos transmitidos pela oralidade da minha família é Dona Tânia, minha mãe. Ela tinha o costume de moldar o caráter das filhas através de histórias, provérbios e canções. Existe uma história que eu sempre pedia para minha mãe contar e repetir insistentemente. E para ativar todos os detalhes narrativos em sua memória, pedi que ela gravasse um áudio pelo celular, contando tudo novamente. O áudio de 5 minutos e 32 segundos, transcrito abaixo, foi gravado em 28 de fevereiro de 2022.

Era uma vez que tinha uma senhora, uma velhinha, ela se chamava Zabelinha e ela gostava de passear pela floresta perto da sua casa, com uma cachorrinha. E todos os dias ela saía, quando foi um dia ela encontrou uma ninhada de ovos, ovos gigantes, muito grande e ela tirou um dos ovos e levou pra si.

Só que ela não sabia que os ovos eram de um gigante chamado Galanti. E quando chegou a tardinha, o Galanti chegou à porta da casa dela já escurecendo. E começou a gritar Zabelinha:
— ZABELINHA, CADÊ MEU OVO!? ZABELINHA, CADÊ MEU OVO!?

E ela ficou quietinha dentro de casa, e aí a cachorrinha, pra defendê-la, começou cantar.

— Zabelinha já lavou, Zabelinha já ceiou, Zabelinha já deitou, vem amanhã bem cedo que eu não estou...

Aí o Galante respondeu:

— Hummmm. — E foi-se embora.

Aí, quando chegou no outro dia, Zabelinha ficou zangada com a cachorrinha. Achou que... Entendeu que ela estava denunciando ela. E pegou a cachorrinha e deu uma surra na cachorrinha. Aí a cachorrinha ficou triste, chorou, chorou... Tudo bem, passou. Quando chegou no outro dia à tardinha, voltou o Galante de novo, chamando Zabelinha.

— ZABELINHA, CADÊ MEU OVO!? ZABELINHA, CADÊ MEU OVO!?

E aí a cachorrinha de novo:

— Zabelinha já lavou, Zabelinha já ceiou, Zabelinha já deitou, vem amanhã bem cedo que eu não estou...

Aí o Galante respondeu:

— Hummmm. — E foi-se embora.

Quando foi no outro dia, Zabelinha pegou, matou a cachorrinha. Porque ela achou que a cachorrinha estava atrapalhando ela, estava denunciando ela. Matou a cachorrinha. Aí quando foi no outro dia à tardinha, voltou o Galanti de novo:

— ZABELINHA, CADÊ MEU OVO!? ZABELINHA, CADÊ MEU OVO!?

E aí a cachorrinha de novo:

— Zabelinha já lavou, Zabelinha já ceiou, Zabelinha já deitou, vem amanhã bem cedo que eu não estou...

Aí Galante respondeu:

— Hummmm. — E foi-se embora.

Quando foi no outro dia, Zabelinha ficou muito irada, botou fogo na... na cachorrinha, queimou os restos mortais, e jogou no rio, mas ainda ficou aquelas cinzas na beirada do rio. Aí chegou a tardinha, Galanti voltou de novo:

— ZABELINHA, CADÊ MEU OVO!? ZABELINHA, CADÊ MEU OVO!?

E aí a cachorrinha, né, aquelas cinzas láaa no fundo...

— Zabelinha já lavou, Zabelinha já ceiou, Zabelinha já deitou, vem amanhã bem cedo que eu não estou...

Galante respondeu:

— Hummmm. — E foi-se embora.

Quando foi no outro dia, Zabelinha ficou zangada, pegou água, jogou naquelas cinzas, acabou de tirar as cinzas, jogou pro rio. Acabou. Quando chegou a tardinha, voltou o galanti de novo:

— ZABELINHA, CADÊ MEU OVO!? ZABELINHA, CADÊ MEU OVO!?... ZABELINHA, CADÊ MEU OVO???!!!

Não tinha cachorrinha mais pra defender Zabelinha, pra defender a sua dona. O Galante subiu no telhado, tirou as telhas, começou tirar as telhas, destelhar. E a Zabelinha o avistou e falou:

— *Galanti, Galanti, pra que essas unhas tão grandes!?*
— *É pra te unhar!*
— *Galanti, Galanti, pra que esses olhos tão grandes!?*
— *É pra te enxergar!*
— *Galanti, Galanti, pra que essa boca tão grande!?*
— *É pra te engolir!!!*

Pulou em cima da Zabelinha e engoliu a Zabelinha... Então, não adiantou nada, foi tarde quando ela pôde entender que a cachorrinha defendia ela. Não tinha mais a cachorrinha pra defendê-la. Então Zabelinha perdeu a vida. Galanti engoliu a Zabelinha por causa do ovo que ela tirou do ninho dele. Sempre depois de contar essa história, Dona Tania dava algum ensinamento, ou chamava atenção para alguma situação do que ela entendia ser desobediências e arbitrariedades, das filhas ou de outras pessoas, ou dava para suas meninas informações e conselhos para a vida. Eu me lembro de quando ela falava da importância de ouvir com atenção, de entender as mensagens contidas nas palavras das pessoas, e alertava também para o que chamava de "ignorância" e/ou "arrogância" da Zabelinha, ao subestimar as intenções da cachorrinha, que só queria proteger sua dona. Minha mãe ensinava para as filhas a importância da escuta atenta, das mensagens para a compreensão do que realmente as pessoas queriam dizer. Alertava sobre as possíveis consequências e a possibilidade de cometermos erros gravíssimos, tal como Zabelinha, se não ouvíssemos atentamente o que nos diziam.

Outros temas também eram ensinados quando o assunto era o empenho da cachorrinha em proteger a sua dona mesmo depois de morta e enquanto houvesse vestígios de sua existência. Nesses momentos, outras histórias apareciam, das pessoas da família, ou conhecidas, que já tinham falecido, e ela falava das interseções do mundo dos vivos e dos mortos, ensinando crenças e religiosidade.

Figura 4 Dona Tania em sua máquina de costura atual, na cidade de Raposo, RJ
Fonte: Acervo da Família (2022)

1.6 Os Valores Civilizatórios Afro-Brasileiros na dinâmica dos griôs do Brasil

Um importante conceito que se delineia latente nesta história e que, evidenciado agora, muito nos auxiliará na compreensão da função do griô brasileiro, são os Valores Civilizatórios Afro-brasileiros, desenvolvido por Azoilda Loretto da Trindade (2005). Essas epistemologias manifestam-se através dos valores da Memória, Ancestralidade, Axé (energia vital), Religiosidade, Oralidade, Musicalidade, Corporeidade, Ludicidade, Circularidade e Cooperativismo/Comunitarismo. Os griôs brasileiros são seus grandes depositários. São eles as fontes que preservam, desenvolvem, ressignificam e transmitem de geração em geração o que africanos(as) diversos(as) e seus descendentes preservaram e preservam com esmero, habilidade e afeto.

> Ao destacarmos a expressão "valores civilizatórios afro-brasileiros", temos a intenção de destacar a África, na sua diversidade, e que os africanos e africanas trazidos ou vindos para o Brasil e seus e suas descendentes brasileiras implantaram, marcaram, instituíram valores civilizatórios neste país de dimensões continentais, que é o Brasil. Valores inscritos na nossa memória, no nosso modo de ser, na nossa música, na nossa literatura, na nossa ciência, arquitetura, gastronomia, religião, na nossa pele, no nosso coração. Queremos destacar que, na perspectiva civilizatória, somos, de certa forma ou de certas formas, afrodescendentes. E, em especial, somos o segundo país do mundo em população negra (Trindade, 2005, p. 30).

Memória e Oralidade são dois evidentes valores presentes na função griô nessa tradição de transmissão de conhecimentos. Vou tomar como exemplo algumas funções listadas no Projeto de Lei Griô: pajé, mãe e pai de santo e demais líderes religiosos, rezador, poeta/poetiza popular, maracatuzeiro, parteira, erveira, entre outros cultivam a memória de saberes, conhecimentos, fazeres e tradições, e através da oralidade, se multiplicam e se perpetuam. Certamente que, ao analisarmos minuciosamente cada função, outros valores também podem ser encontrados, como, por exemplo, o da parteira e também erveira Antônia, minha avó materna. Além da Memória e Oralidade que articulam as operacionalidades da função dessa griô em seu relato, percebemos também o princípio do cooperativismo/comunitarismo quando ela afirma:

> (...) E eu comecei a fazer parto, ficava com dó das minhas colegas, com medo delas morrer, assim né,aí eu fazia parto. (...) Porque eu fazia o parto assim, sem ganhar nada né, era mesmo fazer um favor no meio das minhas colegas. Tão tudo por aí: eu tenho filho de umbigo, eu tenho menino rico, eu tenho menino pobre.

A Circularidade, Musicalidade e Corporeidade também são valores fundamentais de muitas funções griôs listadas no Projeto de Lei Griô. Destaco as funções de jongueiro, capoeirista, cirandeiro e maracatuzeiro, que manifestam seus saberes e tradições fundamentados nesses valores. A circularidade está plenamente presente nas mencionadas manifestações, cujo formato de interação é a roda. Até mesmo o maracatu, que sai em cortejo, remonta em alguns momentos à roda. Essa é maneira espontânea de se reunir, presente em muitos de nossos movimentos de coletividade, onde todos se veem e se conectam sem sobreposições.

O corpo em movimento embasado e embalado por um ritmo é a marca central dessas manifestações, fundamentadas também nos valores da Corporeidade e Musicalidade. E ao lançarmos um olhar mais profundo para essas funções, o maracatuzeiro(a), por exemplo, também atua com os valores da Ancestralidades e Religiosidade ao reverenciar a Calunga, figura central dos cortejos de maracatu-nação[11]. A Calunga[12] é uma boneca de madeira, preta, a qual lhe atribuem poderes mágicos de religiosidade para evocar os antepassados. O Axé, numa roda de Maracatu ou de Jongo, também se estabelece, pois essa junção de valores expressa uma energia vital no fluxo do cortejo, ou da umbigada[13], nos corpos bailantes, no ritmo que contagia, no brilho do olhar, na história narrada, revivida, remontada, nos cantos e movimentos, na alegria, nos sorrisos, no orgulho e nas emoções que afloram, ativando o Axé no mundo.

Um outro exemplo de função griô muito importante para esta narrativa são os papéis dos contadores de história. Reflito isso a partir do exemplo da minha mãe, que, como já foi dito, educava as filhas com a sabedoria das histórias, transmitindo valores e também o legado de seu ofício. Não deve ser tarefa do acaso que uma de suas três filhas seja oficialmente uma contadora de histórias, a outra tornou-se uma excelente costureira e uma boa ouvinte e a terceira tem um pouco de cada habilidade e as pratica conforme as circunstâncias. Uma das principais características de Dona Tânia ao narrar histórias era a ludicidade que trazia. Esse valor agregrava às suas narrações músicas, palmas, brincadeiras, tonalidades e gestualidades.

Na história de Zabelinha e o ovo do gigante, minha mãe fazia a voz do gigante, cantava com voz suave e tonalidades diferentes conforme os momentos, fazia suspense, nos criando várias imagens. Sua habilidade era tanta que ela usava o barulho da máquina, sincronizando as pisadas no pedal com as partes das histórias. Lembro-me que, algumas vezes, quando estava extremamente inspirada, ela prolongava a história, criando outras possibilidades de as cinzas da cachorrinha ainda existirem, como uma vez disse ter cinzas na vassoura usada para varrer os restos para o rio. Mas também outros valores estavam presentes nesses atos. A circularidade, por exemplo, estava ali, entre as quatro (mãe e filhas), uma vez que ficávamos sentadas em roda aos seus pés.

Com relação a isso, Gisele Rose Silva (2021, p. 49) nos diz que "os valores civilizatórios afro-brasileiros são princípios e normas que constituem nossa existência no âmbito de nossas subjetividades e coletividades que forjam estratégias para nossas ações e posicionamentos nas várias esferas cotidianas". Assim, penso que os griôs brasileiros são um dos principais responsáveis pela preservação de valores tão caros e fundamentais para a construção de civilidades da nossa sociedade. Eles, em sua maioria, são em nosso país as pessoas portadoras dos saberes e fazeres tradicionais, que repassam de geração em geração dentro de suas comunidades esses conhecimentos através da palavra, da corporeidade e das vivências. Os(as) griôs dialogam, transmitem e ensinam conhecimentos cotidianamente pautados nesses Valores Civilizatórios Afro-brasileiros, definidos por Azoilda conceitualmente, que estão guardados em si e se renovam a cada dinâmica de sua função.

A compreensão do papel do griô influenciou de tal modo a minha vida que parte do que me tornei está ligada a influências e ensinamentos dessa função. Minha habilidade de narrar histórias e os valores civilizatórios passados pelas griôs de minha família me trouxeram admiração e interesse por esse tema. Reproduzir esse mecanismo como ferramenta pedagógica me tornou uma educadora. Enquanto educadora, cumprindo o meu papel de construir conhecimentos, a habilidade de contadora de histórias é o meu principal instrumento de trabalho. Através desta ferramenta, cada vez mais, busquei as narrativas do meu povo que retratam a trajetória de pessoas negras com os referenciais positivos, em que o papel de protagonismo não é escasso ou inexistente.

Descobri que as histórias podem ser contadas para além da voz que sai burilada da boca, da palavra falada. Podem sair dos livros, da palavra escrita, da escrita em forma de arte, da literatura. No capítulo a seguir, vou contar a história de uma experiência na qual tive a intenção de repassar meus conhecimentos de Educadora Contadora de Histórias Negras para outros educadores, contadores de histórias, artistas e estudantes. Uma ação que teve o objetivo de funcionar como uma possibilidade de letramento de inspiração griô para contribuir com uma Educação Antirracista.

Letramentos e Relações Étnico-raciais:
Contação de História de Inspiração Griô e Literatura Infantojuvenil Negra

Os estudos de letramentos são uma área bem relevante para analisar o projeto do Curso de Contação de Histórias de Inspiração Griô e Literatura Infanto Juvenil Negra realizado de 2017 a 2025. E nesses 9 anos, o curso teve 29 turmas, compostas por uma média de 25 pessoas por edição, totalizando, aproximadamente, 690 alunos que passaram por essa formação. As edições presenciais aconteceram na Cufa (Central Única das Favelas) em Madureira, bairro da zona norte do Rio de Janeiro; no Instituto Black Bom, Fundição Progresso, Instituto Tá na Rua e Casa com a Música, no Centro; na Escola Jangada, em Laranjeiras, zona sul; no Lar Cultural Luiza em Paciência, zona oeste; no SESC Santa Rita, em Paraty; e, no período de pandemia, na Plataforma EAD da *Revista Científica África e Africanidades*.

O curso apresenta como conteúdo central a literatura infantojuvenil de autoria negra e se inspira nas dinâmicas dos griôs. A partir dessas duas vertentes, propõe o desenvolvimento da arte de contar histórias e o mergulho nesse universo literário, com obras estruturadas nas Identidades, Representatividade e Ancestralidade Negras. Apresenta-se no curso um rico acervo de autoria negra, com quase 300 livros, que ainda precisa ser desvendado e divulgado. Além disso, foca na compreensão e prática da diferença de ler e contar histórias, uma atividade que abre espaço para a alegria e o prazer de ler e as novas práticas de leitura, e desenvolve novas possibilidades de aquisição de conhecimentos para estimular a criatividade.

Figura 5 18ª turma do curso na Casa com a Música em janeiro de 2020, Sinara Rúbia ao centro apresentando um livro
Fonte: Acervo do projeto (2020)

Figura 6 9ª turma do curso no Lar de Luiza, Paciência, RJ em outubro de 2017 - Sinara Rúbia Contando História
Fonte: Acervo do projeto (2017)

O objetivo principal do curso é realizar uma formação de Letramento Racial Crítico através de uma imersão que promove sensibilização e compreensão da importância de narrativas de autoria negra no cotidiano de crianças e adolescentes, qualificando educadores de diferentes áreas na arte de contar histórias de inspiração griô e literatura infantojuvenil de autoria negra. Alguns objetivos específicos da proposta são: a) desenvolver a habilidade de ouvir, contar e ler as narrativas da Literatura Infantojuvenil Negra e sua importância no trabalho pedagógico, promovendo diferentes práticas leitoras; b) compreender qual o papel da literatura infantojuvenil na construção das identidades das crianças; c) compreender o texto, a oralidade e as imagens; d) desenvolver percepção dos mecanismos da ação, reação e interação dos contadores de histórias e seus públicos; e) desenvolver narração com arte inspirando-se nos griôs; e f) narrar utilizando, de maneira criativa e consciente, o espaço, corpo, voz, gestualidade, musicalidade e circularidade.

Esses conteúdos são trabalhados numa carga horária de 30 horas, dividida em oito encontros de 3 horas, dois tutorias de 1 hora e 30 minutos e um evento de encerramento de 3 horas. Nesses encontros, são trabalhadas aulas com os seguintes temas: a) a arte de contar histórias; b) o Griot; c) Literatura Infantojuvenil Negra; d) Literatura Afro-brasileira; e) Contando Histórias com Arte I; f) Contando Histórias com Arte II; g) Escrita Criativa: conte seu enredo; e h) Evento de Encerramento: Roda de Contação de História de Inspiração Griô. A divulgação e inscrição, realizadas por uma produção técnica, são direcionadas ao público-alvo (professores/educadores, contadores de histórias, artistas e estudantes) do curso e acontecem através das redes sociais: Instagram, Facebook, WhatsApp e mailing do e-mail do curso. É enviado para os interessados um link de um formulário do Google para cadastro colhendo informações e orientações de pagamento.

Foi cobrado um valor acessível a fim de arcar com os custos do projeto: aluguel de espaço, pró labore da produtora e dos/as palestrantes convidados/as, transporte do material do curso, passagem e alimentação dos/as convidados/as e equipe, coffee break básico para os/as participantes do curso e despesas do evento de encerramento. O último valor do curso presencial foi de 350 reais, que pôde ser dividido em duas parcelas, a serem depositadas numa conta bancária (CNPJ) do projeto. A cada turma, foram disponibilizadas de 3 a 5 bolsas/gratuidade para participantes, que manifestaram interesse em participar, porém impossibilidade de pagar no momento, durante operíodo de divulgação do curso.

2.1 Concepções de Letramentos

Como já dito, nesta história, os conceitos que embasam a pesquisa são os estudos sobre letramento. No Brasil, temos como precursoras Magda Soares (2000) e Ângela Kleiman (1995).

> Defendemos a utilização de Estudos do Letramento, no lugar de Novos Estudos de Letramento, como alguns pesquisadores estão usando. Nos países de língua inglesa, o termo 'literacy' (que hoje devemos traduzir por alfabetização ou letramento, dependendo do contexto) foi mantido pelos pesquisadores que começaram a considerar os aspectos sociais do uso da língua escrita e, face à necessidade de distinguir essa nova perspectiva dos estudos sem a perspectiva social, eles recorreram ao adjetivo 'novos': daí New Studies of Literacy. No Brasil, um novo termo foi cunhado — letramento — pelos pesquisadores que queriam diferenciar os usos da língua escrita na vida social da alfabetização e, assim, os dois termos foram mantidos. No nosso país, portanto, todos os estudos do letramento são novos, datando apenas da década de 90 (Kleiman, 1995 *apud* Soares, 1998).

As noções de letramento neste livro embasam uma compreensão de práticas que vão além do ato de ler e escrever, pois considera-se a perspectiva histórica, social e cultural das pessoas nos seus processos de letramento. Estamos compreendendo aqui escritas e leituras para além do sistema de letras e grafias, analisando o desenvolvimento de suas habilidades no seu uso social.

O termo Letramento passa a ter força nos anos 1990, com estudiosos que tinham uma visão crítica referente ao processo mecânico das práticas de escrita e leitura dentro da escola, pois passaram a compreender o ato de ler e escrever a partir das múltiplas linguagens presentes na sociedade. No Brasil, Magda Soares fez uma importante diferenciação entre os conceitos de alfabetização e letramento. Ela define que alfabetizar é a ação de ensinar e aprender a ler e escrever, estando a alfabetização restrita à aquisição dos códigos e das regras. Já o letramento é a ação não só de ler e escrever, mas refere-se ao cultivo e exercício dessas práticas, possibilitando a interação e desenvolvimento das pessoas com o mundo.

> Letramento é palavra recém-chegada ao vocabulário da Educação e das Ciências Linguísticas: é na segunda metade dos anos 80, há cerca de apenas dez anos, portanto, que ela surge no discurso dos especialistas dessas áreas. Uma das primeiras ocorrências está em livro de Mary Kato, de 1986 (No mundo da escrita: uma perspectiva psicolínguística, Editora Ática): a autora, logo no início do livro (p.7), diz acreditar que a língua falada culta "é consequência do letramento" (grifo meu).': Dois anos mais tarde, em livro de 1988 (Adultos não alfabetizados: o avesso do avesso, Editora Pontes), Leda Verdiani Tfouni, no capítulo introdutório, distingue alfabetização de letramento: talvez seja esse o momento em que letramento ganha estatuto de termo técnico no léxico dos campos da Educação e das Ciências Linguísticas. Desde então, a palavra torna-se cada vez mais frequente no discurso escrito e falado de especialistas, de tal forma que, em 1995, já figura em título de livro organizado por Ângela Kleiman: Os significados do letramento: uma nova perspectiva sobre a prática social da escrita (Soares, 2009, p. 15).

Magda Soares, ainda em seu livro *Letramento: um tema em três gêneros* (2009), conclui afirmando sobre a possibilidade de uma pessoa não ser escolarizada, mas ser "letrada", usando essa palavra com o sentido de letramento. Assim, uma pessoa pode não ser conhecedora das letras por questões sociais, econômicas e/ou históricas, entretanto, se convive num contexto onde a presença da leitura e da escrita é significativa e se interessa por ouvir leituras, jornais, se conversa com os outros, ouve e conta histórias, busca notícias e informações, ela se envolve em práticas sociais de leitura e de escrita.

Ao compreender isso, trago como exemplo a minha experiência com meu pai, chamado de Seu Vavá, que, como minha mãe e avó materna, também contava histórias para minhas irmãs e eu, e para quem mais o quisesse ouvir. Até hoje, aos 75 anos de idade, ele conta muitas histórias, principalmente para mim, provocando-me a narrá-las. O motivo de trazer Seu Vavá (homem negro, nascido em 16 de junho de 1947) para este texto é que ele não é conhecedor das letras e não aprendeu a escrever. Contudo, sua inteligência e capacidade de conversar sobre assuntos diversos, principalmente história, sociedade e política, sempre chamaram a minha atenção.

Com o passar do tempo, fui buscando explicação para compreender o motivo de tanto conhecimento, protagonismo e capacidade de diálogo e pensamento crítico dele, e compreendi pontos importantes da sua vida que o fizeram um senhor "letrado". Eu soube, através das narrativas orais de minha família, contadas pelo meu próprio pai e pelas minhas tias paternas, que ele, como irmão mais velho, precisou abandonar a escola muito cedo, antes mesmo de aprender a ler e escrever, para trabalhar na roça e garantir a sua própria sobrevivência e a de sua família (mãe, irmãs e irmãos), colocando "comida na mesa".

Eu guardo na memória fases da vida de meu pai datadas desde a primeira infância. Seu Vavá sempre trabalhou em muitos empregos, formais e informais, como, por exemplo: operário de fábricas/indústrias, servente/ajudante de obras, empreendedor/comerciante com uma pequena "vendinha" e como gari, seu último emprego antes de se aposentar. Lembro-me principalmente da época em que ele trabalhou na Fábrica de Papel de Petrópolis e na Maiorca Indústria e

Comércio, situadas na cidade de Petrópolis, onde morávamos, e quando atuou na Ishibras, estaleiro em Niterói, período em que ia para casa somente nos finais de semana.

Nessa época, eu ouvia as conversas de meu pai com minha mãe, outros adultos (e eu, como filha mais velha, estava sempre por perto, atenta aos diálogos dos mais velhos), relatos das reuniões com outros trabalhadores e sindicalistas que aconteciam na hora do almoço, nos intervalos e/ou depois do expediente de trabalho. Ouvia sobre as reivindicações dele e de seus colegas de trabalho por aumento de salário, melhores condições de trabalho, diminuição ou pagamento da carga horária, as organizações de greves e outros assuntos relacionados à luta da classe trabalhadora. Meu pai, quando estava em casa, sempre assistia a todos os jornais da noite, inclusive ouvia atentamente *A Voz do Brasil*[14].

Eu lembro que, nos anos de eleição, Seu Vavá sempre falava, apresentava, discutia, defendia e fazia campanha para seus candidatos do processo eleitoral e por vezes "brigava" com pessoas sobre os diversos assuntos de política. Recordo-me do afeto e fascínio do meu pai por Leonel Brizola, político ativo da época, e também, alguns anos depois, da sua contundente preferência pelo Lula. Das horas que meu pai ficava em gigantescas filas para conseguir vaga nas escolas para minhas irmãs e eu. De ele acordar bem cedo para enfrentar filas e levar suas filhas às consultas médicas. De ele se orgulhar por conhecer e saber circular em toda a Petrópolis e outras cidades que teve oportunidade de conhecer por causa do trabalho. De suas habilidades com dinheiro, contar, somar, subtrair e multiplicar, e de ele se "gabar" por fazer contas complexas "de cabeça" e de sua excelente memória que armazena muitas informações. De ele ouvir atentamente cartas e correspondências que minha mãe lia para ele.

Eu me lembro de um pai sujeito interativo com potencial de transformação, que lutava por seus direitos e os de sua família, que interagia com as pessoas, debatia, refletia e sempre tinha uma opinião referente aos problemas da sociedade, seu tema preferido. E como afirma Kleiman (2006, p. 416):

> Na interação, o sujeito pode se posicionar como um agente, isto é, como um sujeito que atua autonomamente, num jogo de resistência, a fim de causar transformação numa dimensão social ou coletiva, ou pode posicionar-se subalternamente, num jogo de conformidade ou submissão, na sua orientação às práticas culturais dos grupos dominantes.

Quando Seu Vavá estava em casa, sempre tinham muitos amigos presentes em sua residência ou na rua onde morava, para conversas, risadas, histórias e bebidas. Ele também, habitualmente, contava histórias de sua vida, de quando era pequeno, das suas aventuras, dificuldades e desafios. Sempre com uma cativante narração, que fazia os ouvintes prestarem atenção, em estado de encantamento e com poucas intervenções durante sua fala. Seu Vavá também contava muitas histórias sobre os jogos do time de futebol São Luiz (time oficial do Morro da Cocada, bairro onde morava), que ele promovia e também participava como jogador. Histórias do seu time rubro negro, do Zico, seu jogador preferido, e da sua luta por um pedacinho de terra para realizar seu sonho de construir uma casa bem grande para sua família.

Quando alguém descobria que Seu Vavá não sabia ler e escrever, era sempre uma grande surpresa. Estranhamento causado por uma ideia de que um adulto que não foi escolarizado seria alguém com pouca ou nenhuma capacidade de comunicação e cognição? Contudo, o que podemos compreender e/ou aprender com o exemplo é que os processos de letramento vivenciados por meu pai permitiram que, mesmo não alfabetizado, se tornasse um sujeito "letrado". Ele conseguiu se desenvolver, protagonizar e interagir com pessoas na sua trajetória de vida, produzindo sentido para si, para sua família, para seu bairro, seu ambiente de trabalho e

em outros espaços da sua convivência em sociedade.
Barton e Hamilton (2004, p. 109) afirmam o seguinte sobre letramento:

> não reside simplesmente na mente das pessoas como um conjunto de habilidades a serem aprendidas, e não apenas jaz sobre o papel, capturado em forma de texto para ser analisado. Como toda a atividade humana, o letramento é essencialmente social e se localiza na interação interpessoal.

O avanço nos estudos de letramento chegou ao conceito de Letramento Racial, compreensão cuja base é o reconhecimento do racismo como endêmico e estrutural da nossa sociedade. Schucman (2012) nos traz uma referência de Twine (2003), que afirma que o Letramento Racial "é um conjunto de práticas que pode ser caracterizado como uma 'prática de leitura' - uma forma de perceber e responder individualmente às tensões das hierarquias raciais da estrutura social". É perceber a sociedade a partir do ponto de vista das relações étnico-raciais, é compreender como é ser branco e como é ser negro na sociedade. O letramento racial possibilita a percepção de privilégios e desigualdades, diferenças e possibilidades a partir da sua condição de negro ou branco.

No ponto a seguir deste capítulo, o conceito central desta obra, letramento racial crítico, fundamentará as análises e compreensões.

Figura 7 Aniversário de 75 anos de Seu Vavá - Raposo, RJ, 16 de junho de 2022
Fonte: Acervo da família (2022)

2.1.1 Letramento racial crítico

O conceito de letramento racial crítico foi difundido no Brasil pelas pesquisas de Aparecida de Jesus Ferreira (2014; 2015a; 2015b), que o desenvolveu tendo por base os princípios fundamentais da Teoria Racial Crítica (TRC). A pesquisadora compreende o papel importante da TRC nas discussões em torno do racismo, das contranarrativas e outras pesquisas em que a raça e o racismo são as perspectivas de análise. Suas pesquisas são em torno de narrativas autobiográficas acerca de raça, racismo e letramento racial crítico com base na Teoria Racial Crítica, que considera as narrativas, contranarrativas e autobiografias para evidenciar como o racismo é estrutural e estruturante na sociedade. Nas duas últimas décadas, os estudos da TRC têm crescido no campo da Educação nos Estados Unidos, Europa, América Latina e outros continentes (Ferreira, 2015).

Em seu livro *Letramento Racial Crítico, através de narrativas autobiográficas*, Aparecida apresenta os cinco princípios fundamentais da TRC atualizados e adaptados por Milner e Howard (2013), que citaram Solorzano (1997). Sendo estes: 1- A intercentricidade de raça e racismo; 2- O desafio à ideologia dominante; 3- O compromisso com a justiça social; 4- A perspectiva interdisciplinar; e 5- A centralidade do conhecimento experiencial. Este último é utilizado nesta obra, pois traz as narrativas, contranarrativas e autobiografias como fundamentais para compreender as experiências vividas sobre raça e racismo. A importância dessa perspectiva para o dia a dia do professor na sua prática pedagógica serve de parâmetro para a análise do objeto desta pesquisa, o Curso de Contação de Histórias de Inspiração Griô e Literatura Infantojuvenil Negra, que se propõe a ser um instrumento de letramento racial crítico para contribuir com a qualificação de educadores para implementarem uma educação antirracista.

> O letramento racial crítico possibilita que a professora e o professor reflitam sobre questões raciais dentro do seu próprio contexto de sala de aula, a partir do momento que refletem a respeito, também permitem que suas alunas/os tenham consciência de sua própria identidade racial. Tal consciência permite que a aluna e o aluno se vejam representados em vários contextos. Quando pensamos em formação de professoras/es, temos que pensar nos materiais utilizados por essas professoras/es e, na maioria deles, é difícil encontrar pessoas negras como

protagonistas. Ao trabalhar com letramento racial crítico, você possibilita que pessoas se vejam e percebam a ausência de representatividade nos materiais e na mídia também. Você passa por um outdoor ou uma banca de revista e vê uma ausência de representatividade de negras/os nas imagens e capas dos produtos (Ferreira, 2019, p. 125).

O letramento racial crítico é uma estratégia de responder aos problemas raciais cotidianos dentro da sociedade, somando-se às políticas afirmativas de democracia racial construídas historicamente. Um educador com letramento racial adquire um pensamento crítico e responde às tensões raciais com ações objetivas, concretas e antirracistas. A iniciativa do Curso de Contação de Histórias de Inspiração Griô e Literatura Infantojuvenil Negra surgiu por um entendimento de ser necessário um avanço em relação às posturas e práticas pedagógicas que visem a valorização da história, cultura e protagonismo negros e objetivem uma educação antirracista efetiva. Um dos entraves à implementação dessa desejada educação é a formação docente/humana fortemente marcada pelo mito da democracia racial e por uma perspectiva histórico-política colonial.

> Alguns dentre nós não receberam na sua educação e formação de cidadãos, de professores e educadores o necessário preparo para lidar com o desafio que a problemática da convivência com a diversidade e as manifestações de discriminação dela resultadas colocam quotidianamente na nossa vida profissional. Essa falta de preparo, que devemos considerar como reflexo do nosso mito de democracia racial, compromete, sem dúvida, o objetivo fundamental da nossa missão no processo de formação dos futuros cidadãos responsáveis de amanhã. Com efeito, sem assumir nenhum complexo de culpa, não podemos esquecer que somos produtos de uma educação eurocêntrica e que podemos, em função desta, reproduzir consciente ou inconscientemente os preconceitos que permeiam nossa sociedade (Munanga, 2005, p. 17).

A ausência das epistemes negras nos currículos, na organização escolar e nas produções literárias afeta significativamente crianças e adolescentes em nosso país, ao passo que não lhe apresentam de maneira problematizadora ou satisfatória, obras que trabalhem a representatividade e as múltiplas identidades negras. Portanto, entendo que a arte de contar histórias me inspirando no papel e paradigma dos griôs, tendo como repertório os conteúdos contidos na arte literária infantojuvenil negra, é uma ferramenta potente para um letramento racial crítico de professores, artistas e estudantes.

2.2 A Literatura Infantojuvenil Negra na Contação de História de Inspiração Griô

O que chamo de Literatura Infantojuvenil Negra é um conjunto de narrativas literárias de autoria negra voltadas para crianças e adolescentes. São livros onde a pessoa negra é representada no lugar de protagonista, distante de estereótipos, estigmas e representações depreciativas. Os temas são diversos e carregados de humanidade, como é o caso de *O Menino Nito* (2006), de Sonia Rosa, que tem como protagonista um menino que chora e tem sua masculinidade trabalhada de maneira positiva. Ou *O Mundo no Black Power de Tayó* (2013), de Kiusam de Oliveira, que nos apresenta a menina Tayó, a qual tem orgulho do seu cabelo black e de sua história. *Da minha Janela* (2020), de Otávio Júnior, que conta uma história que retrata o olhar de uma criança a partir da sua visão da cidade na perspectiva da favela onde mora. Ou *Histórias da Preta* (1998), de Heloisa Pires Lima, que fala da diáspora negra e da luta, resistência e resiliência de homens e mulheres que foram arrancados de suas terras para o trabalho escravo no Brasil. Ou ainda *Maíra, a alegre campeã* (2019), de Maíra Brochado Ranzeiro, que conta a história de uma menina que se apaixonou pelo mundo do esporte e aprendeu a ter foco, organização e concentração, um livro que, em uma das ilustrações, por exemplo, apresenta Maíra e sua família negra reunidas no cotidiano familiar, felizes, com uma mesa farta de alimentos para o café da manhã, e também uma família que chora lágrimas de emoção e afeto e se abraça.

Figura 8 Páginas 10 e 11 do livro *Maíra, a alegre campeã* (2019), de Maíra Brochado Ranzeiro
Fonte: Acervo Cultura e Arte Griô (2022)

No programa *Conexão Futura*, do Canal Futura (2015), quando é perguntada pela apresentadora Juli Wexel sobre o que é Literatura Negra, a escritora Conceição Evaristo[15] responde: "A gente poderia começar pensando numa produção literária em que o sujeito da escrita, tanto o sujeito como o objeto da escrita, é o próprio negro, homens e mulheres que vão criar seus textos literários a partir de uma subjetividade negra". E Fernanda Felisberto[16], que participa do mesmo programa, complementa dizendo:

> Tem uma experiência negra brasileira, que é diferente de uma experiência de ser branco no Brasil, que é diferente de ser africano no Brasil e em cima dessa experiência que parte de um lugar, de uma vivência, de uma ancestralidade, que essas histórias todas são construídas (Felisberto, 2015).

Ainda no mesmo programa, o professor Eduardo Assis Duarte[17] complementa:

> A literatura negra é um fenômeno da diáspora negra, sobretudo nas três Américas. É um fenômeno que começa nos EUA

na década de 1920, passa pelo Caribe na década de 1930 e, é exportada pra França na década de 1930 com o movimento de negritude francesa e chega no Brasil nos anos 40 com o teatro experimental do negro com Abdias Nascimento. É um fenômeno, conforme já foi colocado, de expressão dessa subjetividade negra, e dessa experiência negra num país culturalmente dominado pelo poder branco (Duarte, 2015).

Outros estudiosos também conceituam uma literatura de autoria negra no Brasil, como Cuti, que traz a denominação literatura negro-brasileira; Sonia Rosa, com sua literatura negro afetiva; e Kiusan de Oliveira, que traz a Literatura negro-brasileira do encantamento infantil e juvenil. Todos eles se dedicam em definir o conceito de literatura de autoria negra levando em consideração contexto, faixa etária e as especificidades das vivências da pessoa negra.

Os primeiros livros para crianças foram escritos no final do século XVIII. Segundo Zilberman (1987), antes não se escrevia livros infantis, pois a concepção moderna de infância que temos hoje ainda não tinha sido estabelecida. A autora afirma que a literatura infantil surgiu para cumprir o papel formador de apresentar certos valores à criança, proporcionando a adoção de hábitos socialmente preferidos. Nesse momento surge, então, uma literatura que cumpre um controle social, onde são reproduzidas as ideias da classe dominante. Porém, ainda não havia uma literatura que representasse e dialogasse com temáticas direcionadas às infâncias negras. Logo, crianças negras, quando acessavam esses textos, não tinham outra opção senão consumir obras literárias de um mundo burguês, branco, tecido aos moldes europeus.

> A literatura infantil, por sua vez é outro dos Instrumentos que tem servido à multiplicação da norma em vigor. Transmitindo, via de regra, um ensinamento conforme a visão adulta de mundo, ela se compromete com os padrões que estão de acordo com os interesses jovens. Porém, pode substituir o adulto, até com maior eficiência, quando o leitor não está em aula ou

mantém-se desatento às ordens dos mais velhos. Ocupa, pois, a lacuna surgida nas ocasiões em que os maiores não estão autorizados a interferir, o que acontece no momento em que os meninos apelam à fantasia e ao lazer (Zilberman,1987, p. 12).

No Brasil, o precursor da literatura infantil é Monteiro Lobato, que reproduziu fielmente a mentalidade colonial e racista da época em relação aos negros e negras da sociedade, criando personagens estigmatizados e estereotipados e colocando na fala dos protagonistas brancos o repertório preconceituoso de sua época.

Monteiro Lobato é, sem dúvida, um dos maiores escritores brasileiros, mas é necessário renovar os olhares com que se veem as delicadas relações que o escritor estabelece entre a literatura e sua percepção do social e do histórico em relação à presença e ao valor do negro na sociedade brasileira. Tia Nastácia, a principal personagem negra de Monteiro Lobato, é analfabeta e chamada "a negra de estimação", "negra que é tratada como parte da família". No entanto, é na cozinha, à beira do fogão – seu espaço natural –, que reforça sua inferioridade e sua desqualificação social. Na obra *História de Tia Nastácia*, publicada em 1937, o autor deixa evidente seu racismo e desprezo pela cultura popular, matriz de onde vem tia Nastácia. Na obra, as histórias contadas por ela são consideradas pelos outros personagens do Sítio como de mau gosto. A tia Nastácia sofre xingamentos e desprezos. Ninguém lhe poupa críticas. Na história, Monteiro Lobato mostra que, para ele, existe tensão sem solução, entre o mundo da cultura de uma negra, analfabeta, e o da cultura branca, burguesa. Tio Barnabé, por sua vez, ao longo das obras infantis de Lobato, é relegado a papéis secundários. Sua marginalidade é evidente no isolamento a que é submetido: mora fora da casa, "numa cabana nos confins do Sítio". Quanto ao Sacy, é coadjuvante de Pedrinho, e encarna todos os vícios que as crianças não podem ter: mexer nas coisas alheias, fazer trapalhadas, assustar as pessoas, entre outros (Castilho, 2004, p. 107).

Somente a partir dos anos 1980, surgiram os primeiros livros com uma proposta diferente, dos quais podemos destacar autores como Júlio Emílio Braz, com *Saguairu*; Sonia Rosa, com *O menino Nito*; Aroldo Campos e Oswaldo Faustino, com *Luana, a Menina que Viu o Brasil Neném* (primeira heroína negra na literatura infantil); e Heloisa Pires Lima, com *Histórias da Preta*. De lá para cá, cada vez mais vêm surgindo autores dedicados a esse tipo de publicação. Assim, a Lei 10.639/03 torna-se um grande marco não só pelas mudanças curriculares importantes, mas por inserir o debate referente às questões raciais em toda sociedade. A literatura infantojuvenil negra tem sido uma grande aliada para apresentar a importância das culturas e história da população negra e as relações étnico-raciais. Nesse sentido, esse segmento literário pode cumprir o papel de letramento racial crítico, ao passo que apresenta um modelo narrativo contra- hegemônico, no qual a pessoa negra deixa de ser objeto e passa a ser sujeito protagonista de sua história.

> (...) Refletir sobre raça e racismo nos possibilita ver o nosso próprio entendimento de como raça e racismo são tratados no nosso dia a dia, e o quanto raça e racismo têm impacto em nossas identidades sociais e em nossas vidas, seja no trabalho, no ambiente escolar, universitário, em nossas famílias, nas nossas relações sociais. (...) como formadora de professoras/es que sou, entender a importância de utilizar o letramento racial crítico na minha prática pedagógica é de extrema relevância para que assim possa também colaborar para que tenhamos uma sociedade mais justa, com igualdade e com equidade (Ferreira, 2015b, p. 138).

Há convergências entre o que propõe a literatura infantojuvenil negra e a noção de letramento racial crítico, por isso que um riquíssimo acervo foi reunido por mim desde o ano de 2003 (quando despertei meu interesse por tal temática), e hoje contém mais de 300 obras infantis e juvenis que são parte integrante do curso que idealizei. O acervo, denominado Acervo Cultura e Arte Griô, contém centenas de autores e títulos e faz-se um elemento importante para a ambientação dos encontros, cujos resultados visuais e estéticos trazem um bom impacto já no primeiro momento do curso, assim que as pessoas chegam para a aula. A exposição de livros por si só informa, forma e qualifica os participantes. Carla Souza (2019), que frequentou uma das edições do curso de forma a escrever um artigo para a *Revista RioOnWatch*, relata o seguinte:

> No dia 20 de maio, num clima calmo, ao som de Alabê Ketujazz, os alunos da 14ª turma de Contação de Histórias Negras vão chegando a um espaço aconchegante, na Lapa, Rio de Janeiro: A Casa da Música. As esteiras estão dispostas em círculos, com um pano colorido no meio e sob ele um acervo de histórias com o "protagonismo negro" – seja na ilustração, na autoria ou no enredo. O silêncio aguça os sentidos e as indagações surgem: Por que em roda? Onde ela conseguiu tantos livros? Que música é esta? Como não conhecia tantas histórias assim?

Figura 9 17ª turma, 2019, na Casa com a Música
Fonte: Acervo do projeto (2019)

Em todos os oito encontros/aulas do Curso de Contação de Histórias de Inspiração Griô e Literatura Infantojuvenil Negra, o Acervo Cultura e Arte Griô fica exposto sob uma capulana (tecido africano estampado) no centro do espaço, onde os participantes ficam sentados e aconchegados em roda. Estes são estimulados a chegarem mais cedo para conhecerem o acervo. Eu anuncio na chegança: "Podem pegar, folhear, tocar, cheirar, ler, contemplar e até levar livros para casa emprestado, mas precisam devolver o empréstimo até o final do curso, pois é o acervo do curso para outras turmas." Todas as aulas seguem um roteiro que tem de três a seis movimentos, dependendo do tema a ser trabalhado e seguindo o cronograma do dia.

No primeiro dia, é a aula *Contando História com Arte*, que acontece em 4 movimentos. O primeiro é a hora da chegança dos participantes, que entram num espaço organizado, com as esteiras e almofadas colocadas em forma de roda e o Acervo Cultura e Arte Griô centralizado. Ouve-se nesta hora uma música ambiente, do repertório de Alabê Ketujazz[18], grupo musical que apresenta a percussão tradicional do candomblé da nação Ketu em uma roupagem jazzística, projeto do percussionista Antoine Olivier com o saxofonista Glaucus Linx. Depois de todos os inscritos chegarem, é o momento de boas vindas, feito desde 2019 pela produtora cultural e atriz Veruska Delfino[19], que apresenta de forma geral o curso, fala das edições, explica a estrutura de funcionamento, lista de presença e comunicação durante o período de aulas. Finalizando, eu me apresento com uma contação de histórias chamada "Meu enredo", criada especialmente para esse momento.

Figura 10 Primeira aula da 16ª turma, na Casa com a Música, em 2018; inclinada de óculos, Veruska Delfino abrindo o curso
Fonte: Acervo do projeto (2018)

No segundo movimento, eu conduzo o momento da apresentação individual de cada um dos participantes, que se apresentam respondendo os seguintes pontos: nome, cidade e/ou bairro, função social (profissão/ocupação) e o que o trouxe ali. No terceiro, apresento o curso, quais os temas e o conteúdo de cada uma das oito aulas e os objetivos de cada encontro, guiada por uma aula expositiva com a base de uma apresentação de slides. Depois desse momento, respondo dúvidas e ouço impressões, considerações e comentários.

No quarto movimento, é trabalhado o conteúdo da primeira aula, A Arte de Contar Histórias, onde os participantes, numa roda de conversa, respondem à seguinte pergunta: por que o ser humano conta histórias? Logo após, aprofundo o tema comentando dez afirmações, trechos/aspas sobre o ato de contar histórias de referências e especialistas que trabalham esse tema. Respondo dúvidas e ouço impressões, considerações e comentários, fechando a aula com uma roda de palavras ditas por cada participante, que representam para cada um a experiência do dia. Para cada turma do curso, é criado um grupo fechado no Facebook, onde são enviados, no final de cada aula, a referência bibliográfica do tema e fotos do dia, e também posso responder questões posteriores aos temas. As referências bibliográficas da primeira aula são: o artigo intitulado "A arte de Contar Histórias e sua importância no desenvolvimento infantil", de Celso Sisto; e os livros *Entre textos e Afetos*, de Sonia Rosa, e *Teoria Racial Crítica e Letramento Racial Crítico: Narrativas e Contranarrativas de Identidade Racial*, de Aparecida de Jesus Ferreira.

O segundo dia é a aula *O Griot/Griottes*, feita em quatro movimentos. O primeiro é a chegança, conforme descrito no primeiro dia. Depois, é o acolhimento feito por uma primeira fala da produtora Veruska Delfino, dando boas-vindas ao segundo encontro e informações objetivas de produção referente ao espaço e horários. No segundo movimento, início a aula fazendo uma recapitulação do tema trabalhado na primeira aula e introduzo o tema da segunda, abrindo uma roda de conversa, perguntando ao grupo se sabe o que são e/ou quem são os griots e as griottes.

Depois desse momento de escuta das informações levantadas pelo grupo, faço uma aula expositiva com o auxílio de uma apresentação em slides, em que é trabalhada uma perspectiva histórica e cultural. Apresento a origem dos griots no continente africano, a origem dessa palavra, a importância da tradição oral e suas diferenças e semelhanças com a escrita, a sua função na sociedade da qual fazem parte e quem são os griôs no Brasil.

No terceiro movimento, acontece a exibição do vídeo da palestra intitulada "Para Além da Arte", com o Griô Hassane Kouyaté, que é diretor, contador de histórias e ator, nascido em 1964 em uma família de griots, de Burkina Faso. No quarto, conduzo uma roda de conversa sobre o vídeo, de modo a conhecer as dúvidas, impressões, considerações e comentários sobre a aula, encerrando com uma roda de palavras ditas por cada participante, que representam para cada um a experiência do dia. As referências bibliográficas da segunda aula são: Texto Projeto Lei 1786/2011 (Lei Griô) e os artigos "Do griô ao vovô: o contador de histórias tradicional africano e suas representações na literatura infantil", de Celso Sisto Silva; "Práticas de Letramento Griô: contação de histórias e antirracismo", de Sinara Rúbia e Talita Oliveira; e "A lição de Kwaku Ananse: a perspectiva griot sobre ensinar filosofia", de Renato Nogueira.

O terceiro dia de aula é quando se trabalha o tema da Literatura Infantojuvenil Negra, feita em movimentos. Seguindo o mesmo padrão em todas as aulas, acontece o primeiro movimento, a chegança, seguida do acolhimento, boas-vindas e informações da produtora do curso. O segundo é conduzido por mim, que faço a recapitulação da segunda aula e apresento a convidada que abordará o tema do terceiro dia com a oficina que tem por título "Práticas de Leituras: um olhar profundo através da literatura infantojuvenil negra", ministrada por Tatiane Oliveira[20], pedagoga parceira do projeto desde a primeira turma, em 2017.

O terceiro movimento é a oficina que se desenrola a partir de uma roda de conversa interativa, de exposição, trocas e diálogos, na qual Tatiane Oliveira apresenta livros e autores que fazem parte do Acervo Cultura e Arte Griô, discorrendo sobre os seguintes pontos: a diversidade de assuntos que esses livros e autores abordam, exemplos de imagens com referenciais positivos, autores consagrados e autores novos, os desafios do autor/a negro/a no mercado editorial. Um ponto importante e intenso desse encontro são as sinalizações para os cuidados e perigos de se adquirir, ler e divulgar obras que, num primeiro momento, aparentam ser uma literatura com protagonismo negro, e, no entanto, o seu conteúdo reafirma estereótipos, estigmas e racismo. Uma aula cheia de surpresas e de uma certa forma chocante, por revelar e/ou debater questões importantes que geralmente passam despercebidas pelas pessoas que ainda não têm um letramento racial crítico.

Após a oficina, seguindo o ritual, eu encerro a aula com uma roda de palavras ditas por cada participante, que representam para cada um a experiência do dia. As referências bibliográficas da terceira aula são: os artigos "O negro na literatura infantil: apontamentos para uma interpretação da construção adjetiva e da representação imagética de personagens negros", de Valdinei José Arboleya; e "O Negro na Literatura Infantojuvenil Brasileira", de Luciana Cunha Lauria da Silva e Katia Gomes da Silva.

Figura 11 Aula de literatura infantojuvenil negra com Tatiane Oliveira, sentada à frente da escada vermelha, no Espaço Tá na Rua, 2018
Fonte: Acervo do projeto (2018)

A quarta aula, que trabalha o tema *Literatura Afro-brasileira*, é ministrada por Simone Ricco[21] e também é feita em três movimentos. O primeiro acontece como as outras aulas anteriores, tendo início com o ritual de chegança, o acolhimento e informações da produtora. No segundo, eu faço a recapitulação da aula anterior e apresento a palestrante convidada, que faz uma aula expositiva, com o auxílio de uma apresentação de slides. Nessa aula, são vistos os conceitos trabalhados, na academia, de literatura afro-brasileira ou literatura negra, vistas como sinônimas. São apresentados livros, autores e autoras dessa literatura datada do século XIX até a atualidade, com trechos e textos para exemplificar essa escrita negra, os quais são lidos durante toda aula, um conteúdo vasto e denso com o objetivo de situar a importância acadêmica desse tema e orientar os participantes que desejarem continuar pesquisando sobre o assunto e autores após o curso.

No terceiro movimento, Simone Ricco responde dúvidas e ouve impressões, considerações e comentários sobre a aula. Após esse momento, fecha-se o dia com uma roda de palavras ditas por cada participante, que representam para cada um a experiência do dia. As referências bibliográficas da segunda aula são: os artigos "Por um conceito de Literatura Afro-brasileira", de Eduardo Duarte de Assis; "Literatura negro afetiva para crianças e jovens", de Sonia Rosa; e "Literatura negro-brasileira do encantamento infantil e juvenil", texto da entrevista com Kiusam de Oliveira.

Figura 12 Flyer de divulgação da aula de Simone Ricco (literatura afro-brasileira) na 19ª turma (edição online na EAD da *Revista África e Africanidade*)
Fonte: Acervo do projeto (2022)

A quinta aula é *Contando Histórias com Arte*, oficina prática, com seis movimentos, ministrada pelo ator, produtor e roteirista Paulo Gomes[22], participante do projeto desde o início, principalmente contribuindo com o desenvolvimento da metodologia da aula prática. No primeiro movimento, repete-se a chegança, acolhimento e informações da produtora, incluindo uma breve recapitulação da aula anterior, conduzida por mim, e em seguida, apresento o oficineiro do dia. O objetivo principal dessa aula é desenvolver habilida-

des práticas para a contação de histórias que o curso propõe. Para tal, trabalham-se os seguintes pontos:
a) definição das diferenças entre ler e contar histórias; b) compreensão do texto, oralidade e imagens; c) desenvolvimento de habilidades de percepção dos mecanismos da ação, reação e interação dos contadores de histórias e seus públicos/ouvintes; e d) desenvolvimento de habilidades de narração com arte, a partir da corporeidade, musicalidade, ludicidade, circularidade e a palavra burilada. Para trabalhar esses pontos, foram definidos nove princípios desse contar de histórias de inspiração griô, que são apresentados e explicados aos participantes no segundo movimento da aula. São eles:

Representatividade Negra - Sempre priorizar pessoas negras representando e/ou narrando as principais falas e/ou interpretações das histórias contadas em grupo. Esse critério é importante nessa ocasião em que pessoas negras e brancas podem fazer parte do mesmo grupo. Os lugares de protagonismo e destaque são reservados hegemonicamente para pessoas brancas numa sociedade de racismo estrutural. Para que, na organização e montagem das histórias de um grupo misto, o protagonismo negro seja garantido, esse fundamento foi estabelecido.

Inspiração Griô - A referência dos griôs é a principal inspiração e paradigma para os contadores de histórias desse curso. Há o compromisso dos griots africanos e os da diáspora brasileira com as histórias e tradições do seu povo. A qualidade de suas estéticas, que se desdobram em suas múltiplas linguagens, é um repertório abundante e diverso para o contador de histórias. No Brasil, eles são nossos mestres e mestras das Folias de Reis, Maracatus, Cocos, Jongos, Capoeira, Rezadeiras, Brincantes, entre outros, com grande potencial artístico e cultural. Seja contar histórias debaixo de uma árvore; tocar, cantar e dançar numa roda de jongo, maracatu ou coco; brincar como os foliões de reis, rezar, benzer, ensinar, cuidar, zelar ou exortar, a possibilidade de inspiração griô é rica e potente.

Livre Criação - Os grupos criam livremente suas contações de histórias/apresentações. O curso somente apresenta informações, referências e orientações para auxiliar as criações e preparos de uma contação de histórias, expondo um repertório de possibilidades. A criação deve ser livre, pois um modelo fechado limita a criatividade e impossibilita a novidade.

Ludicidade - O uso das brincadeiras, imaginação e fantasia são elementos importantes nesse contar de histórias. Esse também é um valor civilizatório afrobrasileiro que garante a alegria, o riso pela diversão e o brilho no olhar.

Quebra da quarta parede - O teatro é uma arte da narrativa referência para a contação de histórias que o curso propõe. Não é trivial que Paulo Gomes, que é ator e também tem em seu currículo trabalhos de direção teatral, seja condutor da aula prática. A montagem das histórias acontece em grupo de cinco ou seis pessoas e, na livre criação dos formatos de narrar, é comum surgirem interpretações e contracenações. A quebra da quarta parede, termo usado no teatro, é um elemento fundamental que precisa estar no ato de contar de histórias para que a narração direcionada (olho no olho) ao público prevaleça.

No teatro tradicional, ocidental, a quarta parede é um elemento metodológico da arte dramática, onde a apresentação se desenvolve como se estivesse dentro de uma caixa, partindo da ideia de que o público não estivesse presente, como se uma enorme parede separasse atores e espectadores. A plateia normalmente aceita esse jogo, assistindo à cena passivamente. O ato de quebrar a quarta parede tem origem, na teoria, no teatro épico de Bertolt Brecht (1898-1956), que propõe uma encenação onde os personagens dirigem sua atenção para a plateia, efeito que teve o objetivo de deixar o público menos passivo e mais crítico, e também como elemento de humor, característica cada vez mais presente no teatro contemporâneo, apesar de, na maioria das vezes, o critério da quarta parede ainda ser o que predomina.

A narração de histórias que proponho tem muitos elementos de encenação como no teatro: corpo, movimentos, gestos, expressões e marcações. Entretanto, o elemento principal da narração é quebrar a quarta parede, contar histórias face a face, olho no olho, tendo total ciência da presença do ouvinte, que precisa receber diretamente a mensagem.

Predomínio de narração ao invés de cenas - Como dito, é comum os participantes contracenarem nessas criações/apresentações, por isso a ideia de mais "narração ao invés de cenas" do que contracenar precisa ser fundamento, de modo a garantir os elementos tradicionais de contar histórias diretamente (olho no olho) para o público/ouvinte.

História em 7 minutos (ritmo) - Esse é um fundamento criado principalmente para a dinâmica do curso, que já teve turmas entre 20 a 30 pessoas, as quais, nas aulas práticas, trabalham em grupo. Uma parte significativa dos participantes são iniciantes na arte de contar histórias. Para garantir um tempo razoável, que não ultrapasse os limites de atenção do público, que na maioria das vezes são crianças, esse foi o período estabelecido para as contações de histórias desse projeto. Não é uma regra fixa, mas incentivada, criada a partir da minha experiência como contadora de histórias de muitos anos e públicos. O intuito é garantir uma boa história, dentro de um tempo que se entende adequado para o contador e seu público.

Contar em roda - Esse fundamento também traz o valor civilizatório afrobrasileiro da circularidade, muito presente em nossa cultura e nas manifestações griôs. A roda permite que todas as pessoas se vejam e aponta para o movimento, para a renovação e para a coletividade.

Harmonia (princípio, meio e fechamento) - Esse é um fundamento que serve para orientar sobre as principais etapas do enredo de uma contação de histórias. É preciso começar, apresentar os personagens, desenvolver a história e fechar aquele enredo. A orientação aqui é para que se tenha consciência desse processo e garanta harmonia para a beleza e sofisticação da narração/espetáculo.

No terceiro movimento, são trabalhadas dinâmicas de aquecimento corporal, que consistem em alongamento, movimento e ativação corporal através de gestos, sons e dança.

No quarto, são vistas especificamente duas dinâmicas lúdicas, criadas exclusivamente para desenvolver habilidades para a contação de histórias proposta pelo curso, que possibilitam a criação de repertórios e imagens. Essas dinâmicas são denominadas "Me lembra e Contando histórias com imagens".

No quinto movimento, a turma é dividida em cinco ou seis grupos (dependendo da quantidade de participantes). Cada grupo escolhe um livro do Acervo Cultura e Arte Griô, os participantes leem a história e são desafiados a apresentarem de maneira criativa e aplicando os fundamentos vistos, se inspirando nas dinâmicas que fizeram em um tempo estipulado, que geralmente vai de 20 a 30 minutos.

O sexto movimento acontece depois que cada grupo, que estava separado em algum lugar do espaço, trabalhou suas histórias no tempo determinado e finalizou a tarefa. Um grupo por vez se apresenta/conta a sua história na roda. Depois das contações, Paulo e eu comentamos e orientamos, aprofundando conceitos, fundamentos, e damos dicas para aperfeiçoamento das histórias. A aula finaliza com o anúncio de continuidade da prática na aula seguinte, com o ritual de costume, palavras ditas por cada participante, que representam para cada um a experiência do dia.

Figura 13 Aula Contando Histórias com Arte, com Paulo Gomes, no Espaço Tá na Rua, 2018
Fonte: Acervo do projeto (2018)

A aula seis, *Contando Histórias com arte II*, também ministrada por Paulo Gomes, acontece em quatro movimentos, em que o primeiro consiste na chegança, acolhimento e informações da produtora. E no segundo, se repetem as dinâmicas de aquecimento e as executadas em *Me lembra* e *Contando Histórias com imagem*, explicadas anteriormente, para fixação dos conceitos. No terceiro movimento, os grupos que foram criados trabalham novas histórias. Cada grupo escolhe um livro do acervo e apresenta a história escolhida de maneira criativa e aplicando os fundamentos apresentados na aula anterior. O quarto é o momento de os grupos apresentarem suas histórias na roda. Depois das contações, Paulo e eu novamente comentamos e orientamos, aprofundando conceitos e fundamentos, além de dar dicas a partir do que foi apresentado, e o ritual de finalização acontece. As referências dessas aulas práticas são dois links de vídeo: um de uma contação de história de Toumani Kouyaté e outro do documentário *Sotigui Kouyaté: um Griot no Brasil*[23].

Figura 14 Aula Contando Histórias com Arte, com Paulo Gomes, no Espaço Tá na Rua, 2018
Fonte: Acervo do projeto (2018)

A sétima aula é, na verdade, a última, já que o oitavo encontro é o evento de encerramento. Esse é o dia da aula *Escrita Criativa: conte seu enredo*. Essa oficina tem o objetivo de permitir uma produção textual de cada participante, baseada em uma experiência própria, uma escrevivência (Evaristo, 2015). Para construir a metodologia dessa oficina, a referência foi uma ferramenta muito utilizada pelos roteiristas de cinema, que é o *storyline*. Na época da sua criação, eu fazia a coordenação pedagógica do projeto *Cine Rua Paciência Cultural* e as linguagens e temáticas do cinema faziam parte das leituras do meu repertório de estudos.

O *storyline* é um resumo de uma história que será transformada em roteiro e possui no máximo cinco linhas, onde se apresenta apenas o conflito principal de uma narrativa, o qual deve ser objetivo, curto e direto.

A estrutura do *storyline* possui três pontos-chaves: o conflito, o resultado do conflito e como se resolve o conflito (desenvolvimento, conflito, confronto). Entre essas etapas, há o ponto de virada, um elemento muito estudado no cinema também, que são acontecimentos que ocorrem e motivam comportamentos e ações na sequência dos fatos. Esses pontos inspiraram a base da estrutura da proposta, somando-se a mais um, criado exclusivamente para obter o objetivo da oficina, o protagonista. Temos então os quatro pontos da oficina: Protagonista, Conflito, Ponto de Virada e Desfecho.

O desejo era criar uma técnica de escrita que permitisse a construção de um texto breve e forte, para ser feito dentro da oficina, num curto espaço de tempo, que fizesse sentido para os participantes do curso e, ao mesmo tempo, inspirasse as pessoas a escreverem suas histórias. A ideia era exemplificar que a experiência pessoal pode servir de base para a criação de histórias, pois muitos dos autores dos livros que trabalhamos ao longo do curso escreveram a partir de suas próprias vivências e experiências.

A tradução da palavra *storyline* para o português do Brasil significa enredo. Ao perceber isso, eu tive um *insight*. Quem mora no Rio de Janeiro pode entender de maneira bem especial a palavra enredo, e foi isso que aconteceu comigo. As escolas de samba, através de seus enredos, ou melhor dizendo, seus "sambas-enredo", fazem um dos maiores espetáculos de contação de histórias na Marquês de Sapucay. Essa inferência fez sentido, e preparei o roteiro da oficina usando o exemplo e inspiração dos enredos e das escolas que narram as suas histórias nos desfiles de Carnaval. Sou eu quem conduz todas as etapas desse dia, desde o início da oficina, para garantir que o ambiente seja intimista, tranquilo e com o máximo de silêncio possível.

O fato de essa dinâmica acontecer no último dia possibilita alguns pontos subjetivos importantes: ter um grupo que já se conhece, de pessoas que já criaram laços, aumenta as chances de confiança e a compreensão de estarem em um "lugar seguro". O trabalho acontece em quatro movimentos: o primeiro é a chegança e o acolhimento, sem apresentação e informações da produção. Em roda, de pé e mãos dadas, explico que será um dia especial, que, para tudo dar certo, é preciso confiança e entrega, e é feita uma dinâmica lúdica de autoconhecimento, onde cada pessoa se apresenta, a partir de uma outra perspectiva, se vendo e se compreendendo em outro lugar, de outra forma: Se você não fosse você e existisse na forma de um animal, qual seria? E na forma de um ritmo, qual seria? E na forma de uma comida, qual seria? E na forma de um elemento da natureza, qual seria? E na forma de uma cor, qual seria? Depois de uma rodada de novas possibilidades de existências, pensando na forma de nova personalidade animal, de um som, de um paladar, uma matéria e um reflexo, o direcionamento é para que cada um naquele momento se volte para si, para seu eu, buscando um breve autoconhecimento.

No segundo movimento, com os participantes sentados em roda, eu explico a proposta, a referência ao *storyline* e o porquê da palavra enredo, que, na definição simples do dicionário da língua portuguesa, tem o seguinte verbete: sequência dos principais acontecimentos e ações de uma narrativa, romance, drama, filme, conto, etc. E para inspirar, apresento o tema do último enredo vencedor do Carnaval, com imagens do desfile, exemplificando a narração de uma história contada num desfile.

Então, faço a seguinte proposta: conte sua história usando quatro pontos, sendo estes protagonista, conflito, ponto de virada e desfecho. E oriento: o protagonista deve ser a própria pessoa; escolher um conflito pessoal, que viveu ou que vive no momento; escrever o ponto de virada (como fez para resolver, ou como idealiza resolver, caso esteja vivendo atualmente a questão); e escrever como foi o desfecho, a resolução ou atravessamento do conflito. E se ainda não teve desfecho, aproveite para vislumbrar a solução que deseja ter. Para auxiliar, eu apresento três exemplos didáticos de textos de oficinas passadas, ressaltando os quatro pontos presentes no texto e motivando os participantes a fazê-lo em 20 minutos:

Exemplo 1

Por estar escrita nas estrelas, Nasci. Formei-me em meio a Brancura. De criança a adolescente transmutei-me em macaca e dragão sob as ordens de zombaria dos meus "amigos". Durante alguns anos achei que meu maior papel fosse ser vista no circo, mas sem falar. Quando a voz saia, era trêmula. A energia? Toda concentrada no espetáculo de não-ser ou ser atraente. Até que: religare. A religião me pegou: Me descobri humana, Buda, Mulher Negra, com todas as dores e delícias que isso traz ao paladar da vida. Decidi sair do circo e atrair-me pela existência de ser eu. Redescobri minha Voz, Minha Força, Minha Beleza e meu amor. No futuro que se constrói hoje, amanhã e depois, vejo a música, a comunicação e os saberes tradicionais do meu povo (Tullane Paixão, 1ª turma, 2017).

Exemplo 2

Eu sempre fui uma pessoa inquieta. Quando era pequena minha mãe me apelidava de impossível. Gente, mas o que é uma pessoa impossível? Impossível era eu que com minhas peraltices que convencia toda a turminha de crianças que não sabia nadar a vir comigo brincar em alto mar. Minha mãe não aguentava. Dos três filhos eu fui a que mais apanhou. A que mais castigo levou. Mas aí uma grande coisa aconteceu: eu cheguei no Bogum. O bogum, o meu Ilê, é um tipo de pedaço do Daomé na Bahia. Lá me fizeram a cabeça e eu que cheguei uma, descobri que era várias: Sueide, Azirissi, Dofona, Yemanjasi. E de impossível passei a ser ilimitada. Depois disso, eu continuo levando gente para alto mar. E o oceano é uma grande metáfora para a abundância e infinidade de mistérios que eu espero desvelar. Dito isso eu sei que mais e sempre outras águas navegarei (Sueide Kintê, 2ª turma, 2017).

Exemplo 3

A menina amarela

Por nascer no fim a menina amarela se achou pouca Por nascer no meio a menina amarela se achou louca

E para caber ela começou a encolher, se conter, ser contida Mas a menina amarela era água e se transbordava

Ela então resolveu se dividir para não se derramar Ser uma água em cada lugar

A areia a engolia

No mangue se misturava Na pedra ela escorria

E na terra ela molhava

Para menina amarela porém cada mudança doía Por que não posso ser eu? Era a pergunta que fazia E assim ela cresceu procurando um lugar

Achou varios, nenhum era seu

Um dia parada a água da menina amarela virou um espelho E ela refletiu
E viu quantos ela era E em todos ela se viu
De vários lugares e cores Muitas texturas e sabores
E foi então que ela entendeu

Que o que doía não era o não poder ser eu era preciso ser nós
Então ela escolheu ser voz às Vezes foz
E é capaz de entrar e sair Afogar e nutrir

E agora ela é mudança

A menina amarela se descobriu um arco íris (Jose Freitas, 14ª turma, 2018).

O terceiro movimento é o momento de escrita em silêncio, cada um à vontade em um espaço da sala. O quarto é com todos em roda lendo seus textos. Ainda não existiu uma edição do curso em que, nesse momento, não tivesse ocorrido emoção e lágrimas. Depois que cada participante leu sua história, eu as recolho, embaralho e distribuo novamente. As pessoas são orientadas a dedicarem uns minutos de atenção aos textos que receberam para depois narrarem (contação de história) as histórias de seus parceiros de curso, os presenteando com a oportunidade de ouvirem as suas criações. E é nesse ambiente de escuta e narração com arte de histórias e emoções que acabaram de "nascer" que termina o último dia de aula.

Figura 15 18ª turma, outubro de 2020, na Casa com a Música
Fonte: Acervo do projeto (2020)

Depois da última aula, ainda acontece um encontro de tutoria com cada grupo para ensaios que qualificam as histórias que foram montadas e serão apresentadas no evento de encerramento do curso. Esses encontros foram agendados pela produção com cada grupo. Quem os conduz também tem um roteiro para aproveitamento do tempo com qualidade e aprendizados.

O oitavo encontro, como já dito, é o evento de encerramento, que acontece, na maioria das edições, no domingo seguinte ao término das sete aulas. Esse dia reúne entre 80 e 100 pessoas, convidados dos participantes, geralmente familiares e amigos, e também pessoas que conhecem e acompanham o projeto. Outro nome desse evento é *O dia da Formatura*, nomeado assim por mim. Os convidados são recebidos com músicas e livros, um ambiente parecido com o do curso. Enquanto aguardam o início da roda de contação de histórias de inspiração griô, adultos e crianças sentam ao chão, nas esteiras ou almofadas, leem, folheiam, e se encantam com a literatura infantojuvenil negra do Acervo Cultura e Arte Griô. Após as boas-vindas, a roda começa e as histórias saltam para dentro uma após a outra.

Figura 16 Contação de Histórias no encerramento do curso em 2018

Fonte: Acervo do projeto (2018)

Figura 17 Encerramento da 9ª turma do curso no Lar de Luiza, Paciência, RJ em outubro de 2017
Fonte: Acervo do projeto (2017)

Depois desse encantamento, habilitados e aprovados para iniciarem a missão de *espalhar histórias negras pelo mundo* (frase que sempre uso nesse momento), um a um, eles recebem seu certificado. Este é acompanhado de aplausos, fotos, sorrisos, alegria e desejo de *espalhar histórias negras pelo mundo*, como alguns afirmam ao serem perguntados por mim e pelo Paulo depois da entrega do certificado: *O que vocês vão fazer a partir de agora, com essa formação/imersão?*

Para confraternização dos presentes nesse encontro, o ajeum acontece e todos comem juntos em torno de mesa farta de alimentos, especialmente preparada para este evento. Finalizando um percurso imersivo de muitos aprendizados em torno das narrativas negras, a última contação de história acontece com o conto *Alafiá, a princesa guerreira*, de minha autoria, narrado por Paulo e eu. *Era uma vez no reino de Daomé, no continente africano, uma princesa chamada Alafiá...*

Figura 18 Contação de História de *Alafiá, a princesa guerreira* no encerramento do curso em fevereiro de 2020
Fonte: Acervo do projeto (2020)

Figura 19 Contação de História de *Alafiá, a princesa guerreira* no encerramento do curso em fevereiro de 2020
Fonte: Acervo do projeto (2020)

Análise de dados

Como já mencionado na introdução, esta é uma pesquisa que se propõe a analisar as narrativas autobiográficas que relatam as experiências de professores e outros agentes que passaram pelo *Curso de Contação de Histórias de Inspiração Griô e Literatura Infantojuvenil Negra*. Os participantes que contribuíram com suas narrativas autobiográficas são integrantes do Grupo Ujima, também já mencionado. A referência é a metodologia empregada por Aparecida de Jesus Ferreira (2015), que utilizou como instrumento de pesquisa narrativas autobiográficas. O primeiro movimento dessa coleta de dados foi o envio de uma carta-convite para o grupo de WhatsApp do Grupo Ujima, que possui 39 pessoas. Esse é composto pelos mais ativos do grupo, mas existe um outro fechado que contém mais de 100 pessoas, as quais participam mais das ações e eventos organizados por esse grupo mais seleto.

Na carta, convido os participantes a fazerem parte da pesquisa de maneira voluntária, não remunerada, e o texto da carta-convite explica o teor da pesquisa e seus objetivos. A carta também informa que quem desejar participar precisa

enviar um e-mail, informado na carta, indicando o aceite até o prazo estabelecido. Ao passo que as pessoas que respondiam, recebiam uma resposta de agradecimento e a questão proposta a ser respondida, conforme exemplo abaixo:
Bom dia!

*Agradeço muito você ter aceitado participar dessa pesquisa! Segue abaixo a pergunta da pesquisa para que você responda em um texto, que precisa ser enviado **até dia 10/04 (domingo)**, para esse e-mail! Desde já agradeço sua contribuição e coloco-me à disposição para mais orientações caso precise.*
Axé!

Como você se vê após a imersão do Curso de Contação de Histórias de Inspiração Griô e Literatura Infantojuvenil Negra? Construa um texto narrativo a partir de suas percepções, experiências, práticas, reflexões, sentimentos, exemplos...?

Foram 27 cartas enviadas até o prazo estipulado, que serão analisadas neste capítulo. Esse foi um momento muito especial e surpreendente, apesar de meu entendimento sobre a importância de meu trabalho, tanto que me levou a realizar uma pesquisa, entrando para o mestrado em Relações Étnico-raciais no Cefet/RJ, para compreender melhor os processos do meu projeto, a fim de aperfeiçoá-lo e legitimá-lo. Eu já sabia de um número significativo de relatos positivos referentes ao curso e o resultado que ele leva para a vida das pessoas, informações dadas pelos participantes ao longo das suas 19 edições. Entretanto, as autobiografias enviadas para esta pesquisa me trouxeram compartilhamentos, confidências, sentimentos, resultados e transformações que eu não poderia mensurar. A leitura em meio a lágrimas e sorrisos causados pela emoção e constatação de realizar e participar de uma construção coletiva, que pode melhorar de alguma maneira a vida das pessoas, foi inevitável. As autobiografias das percepções das participantes referentes ao pós-curso podem se encaixar em eixos de análise para uma primeira avaliação, referente à contribuição da iniciativa em torno de uma educação antirracista. Para essas reflexões, alguns trechos narrativos das cartas foram selecionados para essa discussão, que faremos a partir de agora. As identidades dos autores e autoras das cartas foram mantidas em anonimato.

3.1 Uma Importante Descoberta

Narrativa 1 - *"E foi assim que numa sexta-feira eu chego na Lapa, subo as escadas, com meu coração disparado sem entender o motivo, e me deparo com as decisas, os panos, os livros e você sorridente e animada dizendo: 'Olha, gente, podem ficar à vontade! Podem pegar os livros!' Me senti em casa. Me senti voltando para um lugar que ainda nem sabia qual seria. Pensa que foi um momento fácil para mim esse primeiro dia?? Te garanto que não foi,* não. Tive que ter muito controle (risos). A necessidade *de controle veio da vontade de mergulhar (sim, mergulhar tipo um grande mar) naqueles livros, veio da emoção de ver tantos livros pretos que não encontrei na época para a minha filha, veio do olhar para todos os lados e ver tantos iguais. Minha sorte foram as janelas, onde pude respirar, olhar os Arcos e pedir para Seu Zé: 'Seu Zé, não posso chorar na frente de todo mundo, me ajude aqui, por favor!' Funcionou! Cada encontro, um aprendizado e uma cura. Hoje vejo que também passei por um processo de cura. A mulher negra, corretora de imóveis, que precisou se enquadrar em certos padrões para trabalhar e sobreviver, foi se despedindo e foi surgindo uma outra mulher que até hoje está se construindo, seguindo e entendendo o poder curativo das histórias. Olho para trás e fico feliz (muito feliz, mesmo) com todo esse processo."*

Alafiá! Caminhos abertos para um universo da literatura

infantojuvenil negra. A partir da Narrativa 1, pode-se argumentar que o curso já cumpre seu papel de letramento racial crítico desde a chegada de seus participantes ao espaço da imersão. O racismo estrutural do Brasil interfere sistemicamente no mercado editorial, o tornando um setor de acesso difícil para autores/as negros/as. Apesar do crescimento das publicações de literatura de autoria negra, por causa da Lei 10.639/03, como já vimos aqui, as questões referentes à divulgação e distribuição ainda são insuficientes para garantir a democracia racial neste setor. E como já foi abordado também no capítulo II, há pouco mais de duas década que os livros infantis e juvenis com protagonismo negro começaram a surgir.

O Acervo Cultura e Arte Griô é fruto de um esforço e dedicação para reunir essas obras que fazem parte de um projeto, uma causa. Sua força e potência ficam evidentes ao longo de todo o projeto. Cada livro desse acervo carrega um conjunto de saberes, conhecimentos e informações transformadores. Com centenas deles reunidos em um só lugar, pode-se compreender a presença de um mosaico diverso, potente, pedagógico e educador. Essa literatura pode cumprir o papel de reeducar para construir identidades positivas, que historicamente são estigmatizadas, estereotipadas, depreciadas e desumanizadas. Sobre esse ponto, Sonia Rosa (2021, n.p.) afirma:

> Este entendimento de "não humanidade" imprime uma ideologia racista, povoa o imaginário dos leitores e dita, redita, reproduz e reafirma essa "não humanidade" da pessoa negra dentro da literatura infanto juvenil. No entanto, esta forma depreciativa e cruel de representação de não humanidade vem sendo cada vez mais confrontada por literaturas que valorizam a pessoa negra e suas histórias.
> [...]
> Infelizmente, por mais absurdo que pareça, a reprodução ideológica dessa desvalorização, desumanidade, invisibilidade e silenciamento da personagem negra ainda, vergonhosamente,

aparece em textos e/ou imagens dentro de alguns livros voltados para o universo infantil. Mas é importante ressaltar que essas "tristes evidencias racistas" apareciam em maior quantidade dentro do universo mercadológico de livros para infância antes do advento da Lei 10.639/2003.

O poder desse acervo está em atender a uma necessidade, um desejo, uma procura, também está em se apresentar como soluções afirmativas, criativas e atraentes para um problema social, o racismo epistêmico. A arte contida nesses livros, nessa exposição, tem o poder de atrair, cativar, emocionar, educar e curar, segundo o relato exposto. É importante ressaltar que o curso atrai como seu público-alvo pessoas que ouvem o seu chamado, este que é convite e, ao mesmo tempo, resposta promissora para procuras, ausências, negligências, dores, violências e outras mazelas históricas e/ou sociais causadas pelo racismo. Sim, é preciso *"mergulhar, tipo um grande mar"* para emergimos num novo tempo cheio de possibilidades dentro desse oceano negro literário e potente.

Narrativa 2 - *"Era uma grande dificuldade exibir filmes ou ler livros onde as personagens representassem as características físicas ou mesmo as relações sociais diversas vírgulas com indivíduos diferentes. Não havia obras que retratassem corpos pretos. Apesar da pouca quantidade de obras, eu adaptava ou criava histórias, brincadeiras e atividades que contemplassem a todas as crianças, onde elas pudessem interagir e conviver com respeito e harmonia. No ano de 2018, tive a oportunidade de fazer o curso de formação para contação de histórias de inspiração griô e literatura infantojuvenil negra, onde aprendi a olhar criticamente as obras literárias infantojuvenis, a dramatizar/teatralizar as histórias, pensar no encantamento das crianças, criar cenários e elementos que ilustrassem a contação."*

Não basta somente apresentar essa literatura aos educadores, que necessitam desse conteúdo: é preciso também chamar atenção para as possíveis armadilhas desse contexto. Com a Lei 10.639/03, houve um crescimento significativo dessa produção literária, já mencionado algumas vezes, contudo, esse movimento nos traz alguns desafios, colocados pelo mercado editorial. Esse crescimento atrai não só autores/as negros/as, uma vez que autores não negros também passam a incluir personagens negros em suas produções. Neste sentido, cabe ressaltar que:

> Poderíamos definir literatura afro-brasileira como a produção literária de afrodescendentes que se assumem ideologicamente como tal, utilizando um sujeito de enunciação próprio. Portanto, ela se distinguiria de imediato, da própria produção literária de autores brancos a respeito do negro, seja enquanto objeto, seja enquanto tema ou personagem estereotipado (folclore, exotismo, regionalismo) (Lobo, 2007 *apud* Duarte, 2010, p. 265).

O entendimento de literatura negra é aquela em que o sujeito negro é o criador da obra, e não somente objeto dela. O pertencimento étnico-racial, nesse caso, é premissa para que o sentimento de representação ocorra efetivamente, pois a representação vem do mesmo grupo étnico-racial. A autoria de um branco, referente a personagens negros, pode ficar seriamente comprometida, mesmo que essa pessoa seja sensível e antirracista, pois ela não vive de fato a experiência de ser negro/a. Lima e Almeida (2018, p. 18) afirmam:

> Retratar por meio da literatura experiências de vida e questões sociais em nome de alguém, é representar determinada classe ou indivíduo de forma excludente e ilegítima a ideia de representação deve diferir da ideia de somente falar em nome do outro, deve procurar ser um ato desenvolvido com legitimidade. Atribui-se a isso o fato de muitos autores brancos abordarem em suas obras, a figura da pessoa negra e sua história de forma pejorativa ou superficial, mesmo que não intencionalmente.

Um exemplo bastante usado na aula de Literatura infantojuvenil Negra, para chamar atenção dos professores/educadores na hora de selecionarem livros e obras com representatividade negra para crianças e adolescentes, é a história do livro *Uara e Marrom da Terra*, da autora, branca, Lia Zatz, uma experiente escritora de literatura infantil. Cabe ressaltar novamente que os equívocos na escrita desses autores não são intencionais. Pelo contrário, o depoimento de Lia em seu site afirma boas intenções e interesse: "Meus livros refletem bastante a minha experiência de vida. Muitos deles tratam de questões que sempre me mobilizaram como as desigualdades sociais, o racismo, a discriminação da mulher."

Entretanto, vejamos o trecho a seguir, que descreve a fala de uma enfermeira, personagem do seu livro, que tenta convencer Uana, a criança negra que seria a protagonista da história, a tomar uma injeção quando estava internada isolada num quartinho de hospital por um forte sarampo: "*Sarampo não é moleza não. Se não obedecer direitinho é bem capaz de virar anjinho... ou quem sabe um diabinho, pois anjinho preto eu nunca vi.*" E a narrativa segue seu rumo nas páginas a seguir, com outras arbitrariedades, sem qualquer ponderação ou reparação à fala da enfermeira. Esse e outros exemplos são trabalhados no curso, fazendo com que essa aula cause indignação às pessoas, despertando atenção, preocupação, interesse e engajamento à causa da literatura infantojuvenil negra.

Narrativa 3 - "*O Curso de Contação de História de Inspiração Griô e Literatura Infantojuvenil Negra, ministrado por Sinara Rúbia, era conhecido por muitos, mas eu desconhecia. Literatura negra era outro assunto novo para mim. Era uma professora formada em Letras Português-Italiano Literatura na UFRJ e Pedagogia (Estácio), e o conceito de literatura étnico racial era novo. Parecia um 'exagero' para quem entendia a literatura como arte da palavra e fonte de aprendizado de uma língua. A fim de entender melhor sobre o assunto e conhecer livros que pudessem complementar o trabalho que realizava na educação infantil, fui a campo buscar informação. (...) O que eu não sabia era que o evento, além de comemorar o aniversário de Sonia Rosa, também era um encontro com a autora e abertura do circuito de contação de história do Grupo Ujima. Nesse evento, conheci Sinara Rúbia, Paulo Rasta, Maira, Gabriela e outras pessoas maravilhosas. Gosto de dizer que o aniversário era da Sonia Rosa, mas quem ganhou o presente foi eu! Que potência máxima esse dia! Foi mágico e um coquetel de emoções! Vi a leitura e interpretação com arte de histórias simples, carregadas de emoção. Fiquei encantada com tudo. A literatura infantojuvenil negra se tornou minha paixão. Sempre que posso e encontro um livro com potencial de trabalho transformador, não penso duas vezes em comprar. Vou a eventos para conhecer os autores negros e apoiar o trabalho deles, e conto para todos como foi estar ali. Incentivo as crianças e adultos a estarem próximos dos livros e conversar com os escritores para conhecer mais."*

Quando acontece essa importante descoberta, é rito, é festa, é celebração. Adultos perante essa linguagem tornam-se crianças de novo. São comuns expressões como admiração, risos, lágrimas, carinhos, memórias afetivas e de ausência também, pois muitos não tiveram acesso a esse conteúdo na infância, por consequência do racismo estrutural, que também é epistêmico. A desumanização da pessoa negra causada pelo racismo estrutural não impulsionou durante muito tempo essa produção, mas já está sendo transformada desde a Lei 10.639/03, além de outras ações afirmativas e iniciativas antirracistas na sociedade. Neste encontro com a literatura infantojuvenil negra, aquela ausência passa a ser preenchida e o desejo de que não haja mais ausências e negligências passa a ser uma causa, um desejo coletivo em torno da busca e da produção, de uma episteme negra no campo literário. Kiusam Oliveira (2020, p. 362) afirma o seguinte, sobre como as pessoas recebem sua produção literária:

> As contranarrativas que tenho apresentado em meus textos, no formato de livros, são recebidas com festejos por profissionais da educação, pais e mães, tios e tias, padrinhos e madrinhas,

irmãos e irmãs. São narrativas altamente celebradas que, de fato, fortalecem a autoestima das crianças e jovens negros, por apresentarem personagens negros fortalecidos em suas identidades. As crianças negras e não-negras não questionam as passagens em que cito a ancestralidade africana, mas algumas crianças negras e não-negras se emocionam e comentam comigo pertencerem à umbanda ou ao candomblé. Nesse momento, uma emoção enorme toma conta de todos nós e trocamos bênçãos.

As narrativas, ou contranarrativas, como afirma a autora, da literatura apresentam referências positivas, histórias legítimas e carregadas de representatividade, e permitem um letramento que possibilita o reconhecimento e identificação dos leitores e/ou ouvintes com suas histórias. Esse letramento racial crítico não somente educa para as relações étnico-raciais dos sujeitos, mas também legitima, trata, cuida, cura e proporciona orgulho, pertencimento e consciência de identidade racial.

3.2 Contação de Histórias como Prática Pedagógica Antirracista

Narrativa 4 - *"Vejo que a Contação de História Pretas também tem uma proposta pedagógica, a valorização da vivência, cultura e saberes dos povos do continente africano. Organizar esse conhecimento e decidir como ele será administrado para o público infantojuvenil são práticas trabalhadas no dia a dia do curso. Baseando-se na tradição oral para a transmissão de vivências e saberes culturais, vamos nos tornando conhecidas por, coletivamente ou individualmente, transmitir ensinamentos através da contação de histórias, com uma identidade própria e inclusive com uma potência expressiva pedagógica. Promover uma imersão que permita a sensibilização e compreensão da importância de narrativas negras no cotidiano de crianças e adolescentes, bem como quais são os prejuízos de negligenciar esse tema nessa faixa etária, são objetivos claros do curso e foram moldando a minha personalidade e enrique-*

cendo meus pensamentos e a minha busca por conhecimentos e formações."

A atividade artística contação de história é milenar e ultrapassa os limites do entretenimento, uma linguagem que surge da junção da arte com a palavra. O curso estimula uma contação de histórias que propõe uma narração de maneira lúdica com base na corporeidade, gestualidade, musicalidade, a voz e outros elementos que podem surgir na hora da livre criação. A proposta é trabalhar para que essa seja uma experiência artística de altíssimo nível, com o potencial de ficar gravada na memória do ouvinte. Logo, a responsabilidade desse contador de histórias é grande.

É preciso cuidar das mensagens contidas nessas narrativas, uma vez que a interação das pessoas a partir dessa linguagem é efetiva. Não é trivial que a contação de histórias seja uma das principais funções dos griots africanos, que através dela fazem circular as palavras, os conhecimentos e saberes de seu povo. Para educar, o/a educador/a pode usar essa ferramenta consciente de sua potência pedagógica.

> (...) sabemos que a história narrada, por escrito ou oralmente, nos permite também aquisições em diversos níveis. Isto é: contar histórias para as crianças permite conquistas, no mínimo, nos planos psicológico, pedagógico, histórico, social, cultural e estético. Ao ouvir uma história, as crianças (e o leitor em geral) vivenciam, no plano psicológico as ações, os problemas, os conflitos dessa história. Essa vivência, por empréstimo, a experimentação de modelos de ações e soluções apresentadas na história fazem aumentar consideravelmente o repertório de conhecimento da criança, sobre si e sobre o mundo. E tudo isso ajuda a formar a personalidade (Silva, 2015, p. 01).

A narração de histórias é uma maneira de falar sobre assuntos que permeiam a vida dos seres humanos: amor, aventura, humor, desafios, superação; são temas que ensinam valores, saberes e filosofias. A contação de histórias incide na formação dos sujeitos, na construção do caráter, nos ensina e permite uma identificação com os personagens representados e apresentados. Contar histórias tendo como repertório o conteúdo da literatura infantojuvenil negra é a proposta do curso, cujo objetivo é unir essas duas linguagens, criando uma ferramenta pedagógica de letramento racial crítico. As narrativas abaixo evidenciam a relevância da proposta como ferramenta pedagógica antirracista, que auxilia, qualifica e motiva o/a educador/a.

Narrativa 5 - *"O Curso de Contação de Histórias de Inspiração Griô e Literatura Infantojuvenil Negra me proporcionou reflexões e discussões importantes sobre a qualidade dos livros com protagonistas negros que têm sido publicados no Brasil, levando-me a apurar minha percepção sobre os estereótipos reproduzidos nessas obras. Permitiu-me, ainda, desenvolver e aprimorar técnicas de contação capazes de valorizar a história e a cultura africanas e afro-brasileiras, ressaltando suas características com arte e encanto."*

Narrativa 6 - *"O curso foi para mim uma ventania inspiradora de como fazer letramento racial a partir da contação de histórias. De como lidar com as questões étnico-raciais ao mergulhar na história da contação de histórias. Na história das contadoras e contadores de histórias que escreveram, escrevem e escreverão suas histórias sob uma perspectiva da cultura negra, com personagens ou narradores pretxs. Eu já estava interessada em entrar para a pós-graduação em relações étnico-raciais no Colégio Pedro II, e assim o fiz, em março de 2019. A contação de histórias trouxe a ludicidade séria e necessária para se lidar com a questão étnico-racial dentro das escolas, sob a obrigatoriedade de implementação da Lei 11.645/2008, desdobramento da 10.639."*

Tal como Iansã, orixá feminina dos ventos, "uma ventania inspiradora", pode-se compreender que o curso foi percebido nesse lugar, pois através do letramento racial crítico realizado, a ação se movimenta e se expande, "espalhando" histórias negras pelo mundo. E contar histórias negras, para esta pesquisa, é também um ato de afeto. Afetar o ouvinte com uma narrativa que primeiro afetou quem a conta é a narração com arte que se compreende nesse curso, que serve também a outros agentes educadores, como os artistas, por exemplo, que são um perfil sempre presente entre os participantes do curso, como pode-se observar na narrativa 7, a seguir:

Narrativa 7 - *"Essa energia vital que a cada história contada fortalece a ligação entre o passado, presente e futuro me fez vivenciar a contação de histórias de inspiração griô dentro de um show cênico musical de minha autoria. Foi um momento de muita riqueza, pois naquele momento me reconheci como elemento de ligação e transformação de outras histórias com fundamentação em valores até então desconhecidos por mim. E todo esse processo se tornou possível após o curso. Percebi que muito do que preciso dizer está ali, em uma história de inspiração griô ou em uma história de literatura Infantojuvenil negra."*

Esse recurso de contar histórias pode ser uma ferramenta utilizada em múltiplos espaços, pois sempre poderá afetar o ouvinte, proporcionando experiências satisfatórias. Essa linguagem milenar reúne e cria intimidade, pois é uma ação coletiva e agregadora, que satisfaz quem conta e quem ouve, pois esse ouvinte não é passivo, também interage com esse narrador através da sua expressividade, do seu olhar e até mesmo verbalmente em alguns casos, pois não há a quarta parede. Esse letramento racial crítico que educou essa artista a permite transmitir uma mensagem positiva e legítima sobre as histórias, culturas, existências e saberes do povo negro.

Narrativa 8 - *"Por fim, a parte prática desenvolvida em escolas por meio do Circuito de Contação de Histórias do Grupo Ujima, fruto do curso, permitiu-me compreender de modo bastante palpável que, para além de levar representatividade a crianças negras (e adultos negros), fortalecendo sua autoestima, as histórias com protagonismo negro positivo impactam também as crianças não negras, que passam a enxergar os colegas negros com mais atenção e valor ao se depararem com personagens positivas parecidas com seus colegas de classe, bem como despertam a curiosidade pela cultura e pela história negras."*

A narrativa 8 traz dois pontos importantes a serem destacados: o primeiro refere-se à possibilidade da contação de histórias de inspiração griô afetar as pessoas negras, crianças e adultos, pela força e potência da representatividade e dos referenciais positivos, que elevam a sua autoestima. O segundo é a possibilidade de afetar também pessoas não negras, que passam a construir um olhar de positividade sobre as negras e obtendo empatia em relação às suas questões. Os escritos de bell hooks sobre o amor à negritude trazem considerações importantes para análise desses pontos. No livro *Olhares Negros, raça e representação*, a autora afirma: "Amar a negritude como resistência política transforma nossas formas de ver e se ver e, portanto, cria as condições necessárias para que nos movamos contra as forças de dominação e morte que tentam tomar nossas vidas negras" (hooks, 2019, p. 63). Ainda:

> Felizmente, há pessoas não negras que se despiram de seu racismo de formas que lhes permitem criar laços de intimidade baseados em sua capacidade de amar a negritude sem assumir o papel de turista cultural. Ainda estar por vir uma quantidade significativa de textos destes indivíduos que relatem como mudaram suas atitudes e resistem, numa vigilância diária, a voltar a contribuir com a supremacia branca (hooks, 2019, p. 58).

Sim, esse amor à negritude também pode ser transmitido e estimulado a partir do encantamento das contações de histórias de inspiração griô e através da literatura infantojuvenil negra. Constatar essa possibilidade traz motivação e esperança para a luta. Esse legado ancestral que a humanidade tem com a narração de histórias é um instrumento poderoso, que pode criar condições favoráveis às mudanças importantes rumo a uma sociedade descolonizada. O amor à negritude é um elemento potente para superar o racismo estrutural ao qual estamos submetidos, e pode ser incentivado através de iniciativas como essa do curso.

3.3 O Autoconhecimento, o Pertencimento e o Autoamor: Elementos Formadores de Educadores Antirracistas

Narrativa 9 - *"Percebi que, apesar de ser negra, meu conhecimento sobre minha ancestralidade era bem pequeno. Por mais que eu soubesse que as religiões de matriz africana são parte do povo preto, de alguma forma, na minha cabeça, estava desvinculada a ideia de que um curso de contação de histórias pudesse passar informações sobre a religião (hoje entendo que é um problema na estrutura social). Por resquícios dos ensinamentos cristãos, eu carregava preconceito e medo dessas religiões. No início, foi bem desconfortável ver e ouvir os livros que contavam as histórias dos orixás, mas ao longo do curso, o medo e o preconceito deram lugar ao respeito. Passei então a ter curiosidade sobre o assunto, comecei a pesquisar e conversar com pessoas praticantes da religião para entender alguns rituais. E do respeito veio a visão do que tem de belo nos mitos e ritos de passagem e iniciação. Ainda no curso, decidi passar pela transição capilar. Foi um processo muito doloroso, pois além de me sentir feia, tinha a "galera" do contra. Gente dizendo que era muito difícil cuidar de cabelo crespo, que esse tipo de cabelo não combinava comigo e etc. Essas falas geravam em mim certo incômodo, e quanto mais eu as escutava, mais eu sentia que valia a pena mudar. Passado o processo de dor, aprendi a cuidar do meu cabelo 4C e tomei gosto por ele. (...) Conclusão: O curso me deu o start para a ressignificação da minha identidade; a busca por conhecimento; o enfrentamento dos meus medos; experimentação do novo."*

Análise de dados

Numa sociedade estruturada no racismo, elementos que são relacionados, referenciados ou vinculados à cultura negra podem causar incômodo para aquele/a que ainda não passou por um letramento racial crítico, que permite a descolonização da mente. Atravessar esse conflito interno pode não ser um processo tão fácil. Na narrativa 9, o impacto inicial da participante não foi de encantamento, e sim de estranhamento. Contudo, para essa pessoa, o impacto do curso foi profundo e o "tornar-se negra" (Sousa,1983) foi possível nesse espaço.

O processo de constituição do sujeito negro pode ser bem doloroso, uma vez que os efeitos da violência racial lhe impõem um ideal branco. É comum que a pessoa negra tenha o desejo e/ou o comportamento de ser branca, de negar e/ou repudiar o seu fenótipo, de querer ter cabelo liso, ter olhos claros, como a manifestação do desejo de ser aceita e acolhida pela sociedade, tal como pessoas brancas são. Em seu livro *Tornar-se Negro*, Neusa Santos (1983, p. 17) explica o motivo de tê-lo escrito:

> Ele é um olhar que se volta em direção à experiência de ser-se negro numa sociedade branca. De classe e ideologia dominantes brancas. De estética e comportamentos brancos. De exigências e expectativas brancas. Este olhar se detém, particularmente, sobre a experiência emocional do negro que vivendo nesta sociedade, responde positivamente ao apelo da ascensão social, o que implica na decisiva conquista de valores, status e prerrogativas brancos.

Quebrar esse ciclo não é fácil. Autores/as negros/as de diversas partes do mundo e áreas do conhecimento têm se dedicado em seus escritos a essa condição de ser negro em uma sociedade branca. Apresento aqui os escritos literários de Toni Morrison (2003), uma das primeiras obras que acessei e que me introduziu nessa busca também, que é *O olho mais azul*. No posfácio, a autora revela que o desejo de escrever esse livro veio da experiência pessoal de ter ovido de uma de suas amigas de infância, que era negra, que desejava ter os olhos azuis. E passados 20 anos, Morrison ainda se perguntava: "como é que se aprende isso? Quem disse a ela? Quem a fez sentir que era melhor ser uma aberração do que ser o que ela era? Quem a tinha achado um peso tão pequeno na escala da beleza?"

No livro *O olho mais azul*, para discutir a questão através da sua literatura, a autora criou a personagem Pecola, uma menina negra nascida no início dos anos 1940, na cidade de Lorrain, nos EUA, onde o protótipo de beleza infantil era o da criança loira de olhos azuis, representada por outra personagem chamada Mary James. O romance narra o desejo da menina Pecola de que seus olhos se tornem azuis, para ficar "bonita" e ser admirada e amada pelas pessoas. Um livro marcante de passagens intrigantes, exemplificado no trecho abaixo, que narra a constatação da menina em relação à reação das pessoas, brancas e negras, direcionada a ela no dia a dia quando circulava pela rua, pelo fato de ser negra:

> Lá fora, Pecola sente a inexplicável onda de vergonha. Dentes-de-leão. Um dardo de afeição dispara dela para eles. Mas não a olham nem enviam amor de volta. "Eles são feios", pensa ela. "São erva daninha." Absorta nessa revelação, tropeça na rachadura da calçada. A raiva desperta, move-se abre a boca e, como um cachorrinho de boca quente, lambe os salpicos de sua vergonha. Raiva é melhor. A raiva dá a sensação de existir. É melhor uma realidade, uma presença. Uma consciência de valor. Uma ardência deliciosa. (...) a vergonha transborda de novo, seus córregos lamacentos vazam-lhe para os olhos. O que fazer antes que as lágrimas cheguem? Ela se lembra dos Mery James. Cada invólucro amarelo tem uma imagem. Uma imagem da pequena Mary James, cujo nome foi dado a um doce. Um rosto branco sorridente. Cabelo loiro em leve desalinho, olhos azuis fitando- a de um mundo de conforto limpo. Os olhos são petulantes e travessos. Para Pecola são simplesmente bonitos. Ela come o doce e a doçura é boa. Comer o doce é, de certo modo, comer os olhos, comer Mary James.Amar Mary James. Ser Mary James (Morrison, 2003, p. 39).

Voltando à Narrativa 9, a autora deste texto, ao participar do curso, pôde se resiliar, superando incômodos e conflitos internos produzidos por uma estrutura social abordada por Neusa Santos e Toni Morrison. Ela pôde, no mínimo, iniciar o processo de tornar-se negra e se libertar rumo a uma vida de orgulho e pertencimento racial. O poder das narrativas negras talvez seja imensurável, uma vez que pode letrar racialmente um sujeito, lhe permitindo pertencimento, elevando a autoestima, fortalecendo e criando novos paradigmas de humanidade.

Narrativa 10 - *"Minha experiência com o curso de contação de histórias foi uma intensa descoberta sobre mim e minhas origens. Mulher preta que sou, sempre me senti à margem das imagens de potência, possibilidades e beleza. Vivia um estado de inadequação que não conseguia explicar ou nem mesmo sabia o que era, um eterno não encaixar. O curso trouxe pra mim uma percepção de existência através do olhar da ancestralidade. Eu, atriz que não via princesa com a minha cara, descobri histórias de rainhas, Deusas e uma infinidade de representações positivas com a minha cara. Fui pro curso buscando mais uma ferramenta de trabalho e lancei meu olhar sobre as questões sociais que se expandiram para além. Ser atriz de teatro de rua fez de mim uma cidadã consciente do poder transformador da arte, fazer este curso de contação me mostrou a importância de colocar nosso saber e fazer em alinhamento com nossos. Me atravessa sempre a menina que fui quando eu conto nossas histórias para crianças com a cara igual a minha; e essas histórias são de heróis, lugares bonitos. O curso me trouxe autoestima. Serei sempre grata."*

Na narrativa 10, podemos perceber que o curso contribui não somente com valorização da história, culturas e identidades negras, como também fornece informações e cria um ambiente de reflexão, diálogo e debate sobre as relações étnico- raciais na sociedade. Esse espaço de formação, através do letramento racial crítico que o projeto conduz, alcança adultos que, apesar de muitas vivências e habilidades, ainda não encontraram um espaço para florescer. A blindagem que as violências raciais são capazes de causar nas pessoas negras pode levar muito tempo para ser removida, ou até nunca ser retirada. O racismo "rouba" o tempo de vida das pessoas negras, quando não "rouba" tirando/matando a vida delas. Neste sentido, encontrar um espaço como esse do curso pode "salvar" a vida de alguém. Verificaremos também na narrativa seguinte que o curso pode ser o pontapé inicial para uma vida de autoamor e autoafirmação, de uma identidade negra da qual se tem orgulho. O orgulho que nos faz sorrir e abraçar as possibilidades de existência plena. *Um sorriso negro e um abraço negro que traz felicidade*, como cantava forte e sinceramente nossa saudosa Dona Ivone Lara[24].

Narrativa 11 - *"Apesar de que estamos caminhando, hoje, ainda, pouco se conta, pouco se escreve, pouco se lê sobre nossa cultura, principalmente nos pilares da educação infantojuvenil. No Curso de Contação de Histórias Infantojuvenil Negra pude reconhecer quanta falta faz inserção nas escolas. No meu caso, somente tive essa oportunidade somente depois de adulta. Daí somente, eu pude enxergar o que existe além do que os livros com histórias convencionais oferecem nas escolas, na televisão, nos livros. Posso afirmar que adquiri muito conhecimento no Curso, mas todo ensinamento me proporcionou algo muito mais: Coragem. Sim, coragem para assumir a minha verdadeira identidade, amor que por minha ancestralidade e afirmação que temos muito mais histórias para contar além das que os olhos brancos narram sobre a nossa identidade, sobre a nossa história. Ao final do Curso, aquele escrito daquela mulher de 40 anos se transformou em uma linda Princesa: Numa. Que nasceu no Curso de Contação de Histórias de Inspiração Griô e Literatura Infantojuvenil Nega. E que tenho o prazer de contar para todos*

Análise de dados

e apresentar Sinara Rúbia como minha Preta Madrinha."

Narrativa 12 - *"Nessa busca, ela descobriu o Curso de Contação de Histórias de Inspiração Griô e Literatura Infantojuvenil Negra com Sinara Rubia, como sempre foi encantada com histórias,* não perdeu tempo, começou a fazer o curso e mergulhar naquele universo magnífico de histórias negras. Participava das aulas sempre com muita *atenção e entusiasmo, lia os textos dos materiais selecionados, e a cada livro que conhecia, se encontrava cada vez mais naquelas histórias. Este encontro é da mulher negra, e também de cura de sua menina negra que não se via durante sua infância nas histórias, mas hoje se vê. Ela percebe e compreende o quanto era importante mesmo agora, uma mulher, poder olhar personagens com suas características físicas, que são protagonistas de suas histórias. Histórias felizes e potentes, que empoderam a sua criança interior e também a cada um dos seus pequenos quando ela as contava essas histórias que conhecia no curso e por meio de sua busca pessoal, como sempre gostou de ter livros de literatura infantil, agora queria construir seu próprio acervo de Literatura Infantil Negra, algo também que Sinara instruía a todos que participavam do curso. Gabriela curava suas feridas, e queria assim se possível curar as feridas de seus pequenos, e possibilitar a muitas crianças histórias potentes para que com seu empoderamento percebam o mundo de possibilidade que há em meio a todas as perversidades do racismo estrutural instalado em nosso país."*

Um lugar que estimula o início da prática do autoamor... Pode-se dizer isso do curso? Parece-me relevante. Saber da própria história: de onde, como e por que veio para este país? Quem eram seus antepassados? Quais as heranças africanas que herdaram? Como seus antecessores fizeram para superar tamanha violência? Como resistiram? Quais foram (e são) as estratégias de sobrevivência? Essas são informações valiosas que foram negligenciadas e, quando reveladas, transformam a vida de uma pessoa. No lugar de respostas legítimas e coerentes, foram forjadas outras perversas, que trazem dor, vergonha e negação. Voltamos aqui à bell hooks (2019, p. 63), que apresenta uma discussão sobre autoamor e afirma:

> (...) uma vez que nossas negações desmoronam, podemos trabalhar para nos curar através da consciência. Eu sempre me surpreendo que a jornada para o lar, aquele lugar na cabeça e no coração onde nos recuperamos no amor, está constantemente ao nosso alcance, dentro de nós, e, no entanto, muitas pessoas negras nunca encontram o caminho. Atolados na negatividade e na negação, somos como sonâmbulos. Contudo, se ousarmos despertar, o caminho está logo ali.

Esse caminho pode ser como um atalho que surge no meio de um campo minado e oferece uma possibilidade de percurso que é capaz de redirecionar pessoas rumo ao encontro consigo mesmas, para que se despertem e construam estratégias de sobrevivência e felicidade. A partir das leituras dessas narrativas, acho relevante compreender que o referido curso tem sido um atalho para muitas pessoas redirecionarem suas vidas a um lugar de maior satisfação.

3.4 Fortalecer-Se-Aprender-Ensinar: Uma Onda Crescente

Narrativa 13 – *"A partir do curso, adquiri livros e levei para sala de aula e partindo das narrativas comecei a fazer meu plano de aula sempre pensando em descolonizar o currículo, apresentando não só autores negros, como também saberes africanos e pessoas negras que foram importantes na luta antirracista. Até na representação na decoração da sala de aula teve uma mudança, as imagens que eram somente brancas foram perdendo o protagonismo e vindo de encontro com desenhos de crianças e suas famílias negras. Na educação infantil, a utilização da literatura preta abriu portas para inserir brincadeiras africanas, musicalidade e falar sobre religiosidade (visando combater o racismo religioso). As práticas antirracistas deixaram de ser realizadas apenas no mês de novembro e passaram a ser a linha central do trabalho. Além de não reproduzir mais falas comuns do mito da democracia racial que são facilmente encontradas nos murais das escolas. No ensino fundamental, anos finais, o trabalho com língua portuguesa também teve modificações, graças a muitas leituras que fiz a partir do despertar que o curso me deu. Até então, não tinha ouvido falar do "pretuguês" e das contribuições africanas ao português que vai além do vocabulário. As leituras e atividade de escrita que realizo com meus alunos adolescentes têm como objetivo desmistificar a imagem que viemos de um povo que sempre foi escravo, debater sobre a nossa situação atual e quais possíveis mudanças podem partir de nós, valorização da nossa cultura e autoamor."*

Um ponto evidente desse projeto, que se pode compreender com a narrativa 13 e as seguintes também, é que o curso tem um movimento multiplicador, que se desdobra ou desagua num oceano de ações afirmativas, antirracistas. Criar processos transformadores e formadores para educadores se faz necessário. Souza (2011, p. 36) afirma que "o esforço para implementação de mudanças na educação pode ser detectado, por exemplo, nos "investimentos na formação inicial e continuada de profissionais da educação". A partir dessa reflexão, iniciativas autônomas, criativas e relevantes podem também contribuir para uma formação continuada docente qualificada em relação às várias possibilidades criativas de aplicação da Lei 10.639/03, e pode-se afirmar que o curso tem cumprido esse papel.

Narrativa 14 - *"Sou uma pessoa que foi transformada (renasci) pelo Curso de Contação de Histórias de Inspiração Griô e Literatura Infantojuvenil Negra, despertou em mim uma necessidade de contribuir com a sociedade, fui buscar saber, lendo, assistindo palestras e continuo buscando descobrir a importância da contação de Histórias Negras nas escolas, tanto na pública como na particular, observei que na escola pública a população negra/preta predomina, trabalhar a autoestima é extremamente necessária e na particular o respeito e a igualdade, embora essas questões devem e são trabalhadas nos dois casos através da contação de história. Ser uma contadora de Histórias Negras é a contribuição que dou para sociedade com amor e alegria, pode ser uma gota de água no oceano, mas eu vou continuar gotejando. Aprendi a me colocar e a me defender enquanto mulher preta e defender meu povo."*

Narrativa 15 - *"Após o curso, eu me percebi mais atenta às literaturas que iria oferecer aos meus alunos... Preocupação com conteúdo, autores e até mesmo com a representatividade preta nesta literatura oferecida. Fiquei um pouco mais reflexiva sobre a importância de me atentar para a literatura na minha profissão (professora séries iniciais) e a importância dela para a minha vida pessoal. Atuo como educadora na escola quilombista Dandara dos Palmares e frequentemente fazia uso da literatura infantojuvenil, mas não tinha me atentando para a importância das reflexões sobre autores, histórias, imagens e narrativas dos livros. Durante o curso, conheci a história da Princesa Aláfia e presenteei a minha filha, que na época tinha sete anos de idade, com essa literatura... Após contar a história, pude ouvir as percepções dela, que verbalizou a seguinte reflexão: 'Às vezes é assim que me sinto com alguns amigos brancos na escola... Todos eles estão rindo de mim...' A história da Aláfia ficou muito marcada na experiência de vida dela, que hoje, aos dez anos de idade, após assistir o espetáculo:* NUANG: CAMINHOS DA LIBERDADE *me trouxe a seguinte reflexão: 'mamãe, observei que parece a história da princesa Aláfia.' Agradeço a oportunidade de participar desta pesquisa... Escrever essas reflexões foi um caminho muito importante para a lembrança de como foi importante esse curso para minha vida profissional e pessoal."*

Análise de dados

Narrativa 16 - "*O curso me fez não apenas observar as histórias narradas, mas também estar atenta ao vocabulário utilizado, as ilustrações, ao autor que narra. Estando cada vez mais atenta ao quanto esses itens também são importantes na utilização da literatura em sala de aula. Também me fez ficar atenta à maneira de contar essas histórias. Antes, eu apenas lia, hoje, me preocupo com a maneira de contar, com a entonação, os gestos, de mostrar ilustrações, de ter olhar para as intervenções dos alunos e como reagem ao que escutam. Deste modo, posso dizer que o curso tem uma responsabilidade grande na profissional que sou hoje, me agregou conhecimentos importantes para o trabalho antirracista no ambiente escolar e em minha trajetória pessoal como mulher negra.*"

Narrativa 17 – "*Eu consigo compreender e visualizar que existe uma Fernanda antes, durante e posterior à imersão, e não de uma maneira linear, e sim de momentos diversificados que incluem sentimentos e emoções como alegria, tristeza, revolta, paz espiritual e entre outros. A partir das minhas experiências individuais, eu pude perceber que a formação ofertada pela mestranda Sinara Rúbia vai de encontro com as perspectivas espiritual, política, íntima e ancestral que vão se complementando e se formam em práticas pedagógicas para todas as idades, gêneros e classe social, mas que vem como um resgate potencializador para a população negra que se forma a partir da literatura, arte, oralidade e ancestralidade. Apesar de ser uma jovem mulher aos 27 anos que nunca teve confronto de identidade com a minha negritude (o qual devo isso a minha base familiar, que fez um excelentíssimo trabalho), ao fazer parte da imersão, eu tive contato com um propósito, o qual era desconhecido por mim, as representações de maneira positiva na literatura infantojuvenil, e a minha pergunta foi: 'Onde estavam esses livros?' Quatro anos de pedagogia, vários outros de formação, estágios e trabalhos em escolas que são consideradas boas e que en-*

tram inclusive na tabela das melhores do Rio de Janeiro e eu nunca havia visto um mar de livros de representação negra." Duas importantes referências bibliográficas que contribuem para a análise das narrativas 14, 15, 16 e 17 se encontram na intersecção entre as obras de Gomes (2017) e hooks (2013), contidas nos livros *O Movimento Negro educador* e *Ensinando a transgredir: a educação como prática da liberdade*, respectivamente. A compreensão aqui é que o Movimento Negro Educador no Brasil opera a partir das identidades desestabilizadoras, o que só fez foi transgredir, construindo um conhecimento epistemológico parido na luta.

A intelectual negra bell hooks (2013) defende uma educação como prática da liberdade, que implica em "questionar as parcialidades que reforçam os sistemas de dominação (como o racismo e o sexismo) e ao mesmo tempo proporcionam novas maneiras de dar aulas a grupos diversificados de alunos" (p. 20). Para ela, transgredir é uma revolução de valores que coloca as pessoas contra os sistemas de dominação; é questionar o papel da universidade e os conteúdos ensinados; criar uma pedagogia engajada que fortalece e capacita alunos e professores; gerar espaços de crescimento mútuo; transformar o currículo de modo que não reforce os sistemas de dominação; e fazer da prática de ensino um foco de resistência e luta. Essas são ações presentes nesse Movimento Negro Educador, conforme Nilma Lino Gomes (2017, p. 14) afirma:

> O papel do Movimento Negro Brasileiro como educador, produtor de saberes emancipatórios e um sistematizador de conhecimentos sobre a questão racial no Brasil. Saberes transformados em reivindicações, das quais três se tornaram políticas de Estado nas primeiras décadas do século XXI.

As duas autoras apresentam e defendem uma pedagogia da diversidade e da luta (de raça, de gênero, de idade, de culturas). Esse é um dos principais desafios postos no processo emancipatório da população negra – a implementação de uma pedagogia emancipatória nas escolas brasileiras. Luta que hoje faz parte da vida de negras e negros no Brasil, em prol da efetivação do ensino da História e Cultura Africana e Afrobrasileira no currículo oficial. Ao criar o curso Contação de Histórias de Inspiração Griô e da Literatura Infantojuvenil Negra, tive como referência o papel do movimento negro, que é um movimento educador, como nos ensina Nilma Gomes (2017).

Eu sou fruto do Movimento Negro educador, a partir das ações afirmativas que este impulsionou, pois, como já foi posto na introdução desta obra, foi com a evolução da Lei 10.639/03 e do debate por uma educação antirracista na sociedade que me formei a educadora, artista e ativista que sou hoje. Buscando uma Educação Antirracista nos estabelecimentos de ensino e em espaços de construção de conhecimentos.

Após essa trajetória, que acumula conhecimentos e habilidades, cria-se uma iniciativa educadora, que contribui com a formação de outros agentes educadores. Uma onda crescente que forja outros sujeitos, ativos e imbuídos da tarefa de implementar uma educação emancipatória e antirracista através da Contação de Histórias de Inspiração Griô e da Literatura Infantojuvenil Negra.

3.5 Aquilombamento: um lugar de fortalecimento, acolhimento, ressignificações e preparo para a luta

> O quilombo é um avanço, é produzir ou reproduzir um momento de paz. Quilombo é um guerreiro quando precisa ser um guerreiro. E também é o recuo quando a luta não é necessária. É uma sapiência, uma sabedoria. A continuidade de vida, o ato de criar um momento feliz, mesmo quando o inimigo é poderoso, e mesmo quando ele quer matar você. A resistência. Uma possibilidade nos dias de destruição (Nascimento, 2018, p. 07).

Narrativa 18 - *"O curso de formação de contadores foi um divisor de águas, até aquele momento eu não tinha tido contato com literatura negra e muito menos tinha colocado em prática a Lei 11.645/2008. Além da falta de acesso a esses livros, não tinha formação necessária sobre a verdadeira história africana e do negro no Brasil. Na verdade, a mudança veio primeiramente no âmbito pessoal, foi um renascimento enquanto mulher negra, um reencontro com a minha ancestralidade e um mundo de descoberta sobre aqueles que vieram antes de mim. Ali, naquele aquilombamento, fui adquirindo conhecimentos que me fizeram repensar tudo que já tinha realizado enquanto professora. Percebi que a educação que eu ofertava aos meus alunos não caminhava para a construção de uma autoestima negra positiva."*

Algo que sempre chamou muita atenção em relação ao curso é compreender o significado desse espaço, que é feito por um conjunto de elementos: pessoas, objetos e linguagens que se fundem, com base num pensamento, objetivo e propósito. Essa ação tornou-se um encontro de pessoas, que se reúnem em torno de uma causa e passam, muito rapidamente, a terem empatia, afeto, respeito e interesse mútuos. O prazer de estar ali foi relatado em muitas narrativas recebidas para este texto. O fortalecimento, tratamento, inspiração que pessoas extraíram desse espaço deixa evidente que é um lugar seguro para seus frequentadores.

Narrativa 19 - *"O conhecimento e a generosidade que em cada aula nos era mediado por Sinara e seus convidados, alguns eram muito visionários e porque também não dizer terapêuticos também. Mexiam no fundo da nossa alma e nos faziam transbordar nossas emoções, dores e choros. Mas também a leveza, os sorrisos, as anedotas coloriam, sem resignação, os momentos de enfrentamentos, que sempre nos afligem como população negra. A nossa dura realidade racista do nosso dia a dia. Então somos sim ativistas da Lei 10.639, é ela que nos motiva a derrubar barreiras."*

Aquilombamento tem sido um termo bastante usado por pessoas negras que têm pensado formas de se organizar e se reunir numa sociedade de racismo estrutural, que reserva a elas lugares nocivos que afetam a saúde física, mental e espiritual. Se proteger, se reservar, se preservar, se fortalecer, construir possibilidades, estratégias e confraternizar com e entre os seus têm sido uma alternativa para pessoas negras da atualidade. Souto (2021), em seus estudos, traz a informação de que Beatriz Nascimento[25] localizou os primeiros quilombos no século XVIII no continente africano, uma formação social criada pelo povo bantu Imbangala, comunidade guerreira de homens nômades. Então, desde a criação, o quilombo era um espaço de iniciação que introduziu guerreiros de diversas etnias ao grupo Imbangala. Ou seja, desde sua origem, o lugar é reservado à prática dos guerreiros que se forjavam naquele lugar. Pode-se fazer também uma relação entre a instituição do quilombo em África e no Brasil, sobretudo no território angolano e a experiência do quilombo aqui. Sobre este ponto, diz Munanga (1996, p. 63):

> Pelo conteúdo, o quilombo brasileiro é, sem dúvida, uma cópia do quilombo africano reconstruído pelos escravizados para se opor a uma estrutura escravocrata, pela implantação de uma outra estrutura política na qual se encontraram todos os oprimidos. [...] Imitando o modelo africano, eles transformaram esses territórios em espécie de campos de iniciação à resistência, campos esses abertos a todos os oprimidos da sociedade negros, índios e brancos), prefigurando um modelo de democracia plurirracial que o Brasil ainda está a buscar.

Narrativa 20 - "*O nosso primeiro encontro foi emocionante, Sinara contou a própria história e foi lindo demais ouvi-la. Aquele sentimento que eu tinha quando criança de ouvir histórias se reavivou naquele momento, e ali eu colhia cada palavra e criava cenários na minha mente. Os dias seguintes de encontros foram só de aprendizagem. Conheci os griôs (nunca tinha ouvido falar), conheci mais sobre literatura negra, editoras negras, o que me permitiu me instrumentar mais no trabalho de seleção de livros para compor o acervo da sala de leitura em que trabalhava. Aprendi muito também com as outras participantes do curso e foi lindo demais vê-las contando histórias. (...). A oportunidade de levar histórias negras para as crianças e jovens das escolas, de olhar para os rostos deles e ver o encantamento e o sentimento de pertencimento foi incrível. Assim que terminei o curso, fui atrás de outros cursos. Fiz o curso de Mitologia Iorubá do Colégio Pedro II. Estou fazendo uma especialização em literatura infantojuvenil e meu trabalho de conclusão de curso vai ser sobre literatura infantojuvenil negra. Também pretendo fazer o mestrado em relações étnico-raciais do CEFET. Hoje, trabalho como bibliotecária na Biblioteca Flor de Papel do Coluni da UFF e iniciamos uma oficina de autoria negra na Biblioteca Infantil. Sinto que tudo isso é fruto dos aprendizados que colhi no curso de Contação de História Infantojuvenil Negra de Sinara Rúbia e sou muito grata por ter tido a oportunidade de participar desse curso e hoje estar, de certa forma, contribuindo para que crianças negras possam se enxergar na literatura infantil e ver todas as possibilidades que elas têm de estar no mundo."*

No Brasil, o quilombo não teve conceitos complexos no viés de cultura, sociedade e política, uma vez que, segundo Nascimento (2018, p.119), era "toda a habitação de negros fugidos que passem de cinco, em parte desprovida, ainda que não tenham ranchos levantados nem se achem pilões neles". Quilombo, então, era considerado todo espaço que agrupava escravizados fugidos, sem considerar sua organização social, política e cultural. Outras conceituações desse espaço foram atribuídas no contexto colonial, que desconsiderava e desqualificava qualquer iniciativa de pessoas negras. Somente a partir do século XIX que o quilombo é compreendido ideologicamente como um lugar de resistência e libertação, sobretudo pela intelectualidade brasileira. Beatriz Nascimento, com suas pesquisas, compreendeu o quilombo brasileiro numa perspectiva diferente do Estado. Ela entendeu esse espaço a partir dos múltiplos significados que a vivência quilombola alimentou na diáspora.

> Ainda que a noção de quilombo tenha permanecido intrinsecamente ligada à ideia de fuga no imaginário nacional, Nascimento nos mostra, por exemplo, que a fuga nada tem a ver com uma posição resiliente de desistência, derrota ou covardia frente ao regime escravocrata, sendo na verdade um recuo estratégico para a sobrevivência e busca de melhores condições de existência e também de resistência (Souto, 2021, p.149).

Diante dessas breves reflexões sobre o papel dos quilombos, desde sua origem no continente africano até seu surgimento no Brasil, o que fica evidente é que se trata de um lugar estratégico para algum fim, em contexto de luta. Numa sociedade estruturada no racismo, a luta é constante. Resistir, restituir, reconstruir, resiliar e tantos outros verbos que denotam superação e sobrevivência podem traduzir a tragetória épica do povo negro da diáspora. Os sentimentos e percepções registrados nas narrativas referentes ao curso, no que diz respeito ao lugar e espaço, apontam para um ambiente que proporciona fortalecimento, aprendizados, sentidos, descobertas e transformações. Neste sentido, é possível que aquilombamento seja um termo que representa esse espaço, essa ação.

Considerações finais

Essas considerações finais me parecem o começo de considerações iniciais, de uma circularidade infinita de possibilidades a serem consideradas neste livro. Penso agora qual teria sido o início dessa história e tenho dificuldade de achar que foi na entrada do mestrado, em 2019, ou um pouco antes, na escrita do pré-projeto desta pesquisa para o processo seletivo. Esse ponto de partida poderia ter sido em tantos momentos da história da minha vida que, por enquanto, resisto em assentar o tempo da proposição deste projeto num ponto já avançado dessa vivência.

Essa história de contar histórias poderia ter começado quando eu ainda era criança e ouvia as narrativas de minha avó Antonia Alves, uma senhora preta brilhosa, magrinha, estatura mediana, altiva, voz baixa, ritmada e engraçada, que contava histórias que ficaram gravadas na minha memória. Ou ainda, poderia ter começado quando a Dona Tânia contava histórias, me divertindo, distraindo e educando, enquanto terminava uma peça de roupa, a qual eu deveria entregar a alguma cliente, que me entregaria de volta o dinheiro do trabalho de minha mãe, de modo que eu pudesse comprar pão e leite na venda da dona Almerinda, para nossa refeição da manhã ou da tarde.

O ponto de partida deste texto poderia também ter sido quando eu, a irmã mais velha, contava histórias para minhas irmãs Sabrina e Savala, tentando facilitar a compreensão do dever de casa (tarefa escolar). Ou quando contava histórias no momento do banho delas, quando penteava seus cabelos ou quando pulávamos de cima do armário para cima da cama de molas de nossa mãe e nosso pai, a nossa brincadeira/travessura preferida. Ou poderia ter começado também quando eu contava histórias para minha filha Sara e procurava livros com personagens negros e negras para ela e não encontrava nada em Petrópolis, cidade em que morávamos na época. Ou teria começado, de fato, quando, no ano de 2003, eu fui com minha turma de graduação em Letras Português-Literatura numa feira literária infantil e juvenil, no Museu de Arte Moderna do Rio de Janeiro, e não encontrei livros infantis com personagens negros/as representados de maneira positiva para levar para casa, para minha pequena.

Também pode ter começado durante meu TCC de graduação, que procurava entender: *Qual o papel da literatura infantil na construção das identidades das crianças negras?* Outro ponto de partida interessante também foi quando, em 2006, motivada pelo resultado da pesquisa do meu trabalho, criei *Alafiá, a princesa guerreira,* que conta a história de uma princesa africana que veio à força para o Brasil, durante o tráfico transatlântico com sua família, do antigo Reino de Daomé e, na luta contra a escravização, tornou-se uma guerreira quilombola. Todavia, considerando os vários pontos cruciais dessa circularidade de uma trajetória, todos me levaram a este presente livro.

O alcance do resultado desta obra teve um longo percurso de superação. Pandemia, isolamento social, perda de amigos e entes queridos para o coronavírus, uma infecção

Considerações finais

por Covid-19, que teve como consequência uma cirurgia cardíaca às pressas (minha terceira troca valvar) em pleno pico de pandemia, outro Covid no pós-cirurgia, meses de internação, meses de recuperação, o retorno à vida "normal". As leituras teóricas para embasar este livro, que em primeiro momento foi uma dissertação, abriram muitas outras perguntas, que ainda não puderam ser respondidas, sinalizando possibilidades de projetos de pesquisa futuros. Letramentos de negritude? Narrativas de racialização? Literatura Infantojuvenil da Negritude? Literatura infantojuvenil do protagonismo negro? Analisar/embasar o curso a partir da perspectiva de estudos da linguagem? Essas foram algumas premissas que não puderam ser aprofundadas aqui, tendo em vista a limitaçao por todo o contexto descrito e pelos prazos do curso de mestrado.

O Letramento Racial Crítico foi a principal linha teórica que embasou esta pesquisa, que pretendeu responder a duas indagações. O que se denomina neste livro "letramentos de inspiração griô" é o que se compreende como letramento racial crítico, que possibilita reflexões e consciência sobre as questões raciais. A inspiração no griô é inspirar-se e aprender com as dinâmicas de um sujeito histórico-político-cultural carregado de linguagens, valores e conteúdos capazes de qualificar e formar pessoas com consciência racial e possivelmente contribuir, ou constituir, um sujeito racializado.

Neste sentido, um curso que propõe e promove um letramento tendo o griô como vertente, como "espinha dorsal", pode caracterizar uma prática com esse fundamento. E quando esses sujeitos são educadores, que empreendem esse saber para atuarem pedagogicamente na educação escolar (ou em outros espaços fora da escola), combatendo um currículo e práticas docentes e sistêmicas, racistas, há razões para se acreditar que uma educação antirracista está sendo implementada.

Nas narrativas analisadas, foi possível perceber que a literatura infantojuvenil negra, aliada à inspiração do fazer e narrar griô, apresenta uma linguagem, fundida de linguagens, que se manifesta como uma ferramenta pedagógica promissora, que pode muito contribuir com a Educação Antirracista. Considerando esses pontos e reflexões, por hora eu fecho aqui com Alafiá, caminhos abertos para novas histórias na promoção da Educação Antirracista.

Figura 20 Evento de encerramento da 18ª turma em fevereiro de 2020, Lapa (Cachanga do Malandro)
Fonte: Acervo do projeto AXÉ! (2020)

Notas

1 O termo "negro/a" é eminentemente político e não é utilizado pelo IBGE neste sentido, pois a instuição considera somente as categorias branco, preto, amarelo, pardo e indígena com o fim de produzir estatísticas relativas ao pertencimento étnico-racial da população brasileira. Contudo, a sua ultilização aqui vem da compreensão do somatório de pretos e pardos (IBGE), uma vez que foi ressignificado a partir da luta política do Movimento Negro organizado, que cobrou com afinco nos anos 1970, e o termo voltou a ser utilizado desprovido do sentido pejorativo (Petruccelli, 2013).

2 A Educação Antirracista está fundamentada na Lei 10.639/2003, que estabelece a obrigatoriedade do ensino de história e culturas afrobrasileira e africanas na educação básica. Fruto de um amplo movimento histórico dos movimentos negros por uma educação antirracista, esta legislação, após duas décadas, desafia as políticas públicas, os docentes, os currículos, a formação docente e os conhecimentos históricos ainda estabelecidos no âmbito acadêmico. Oliveira (2012a) afirma que tal legislação abriu uma nova demanda no campo educacional brasileiro. "Mais do que defender um reconhecimento da história da África, uma releitura da

história do Brasil, das relações raciais e do seu ensino, a Lei 10.639/03 parece mobilizar uma dimensão conflitante e delicada, ou seja, o reconhecimento da diferença afrodescendente com certa intencionalidade de reinterpretar e ressignificar a história e as relações étnico-raciais no Brasil pela via dos currículos da educação básica. Também mobiliza questões referentes às identidades coletivas e subjetivas de docentes e discentes, começa a estabelecer novos parâmetros de conhecimento da realidade sociorracial brasileira, sem contar os novos embates políticos no âmbito do estado e das instituições educacionais" (Oliveira, 2014, p. 83).

3 A diáspora africana é o nome dado a um fenômeno histórico e social caracterizado pela imigração forçada de homens e mulheres do continente africano para outras regiões do mundo. Esse processo foi marcado pelo fluxo de pessoas e culturas através do Oceano Atlântico e pelo encontro e trocas de diversas sociedades e culturas, seja nos navios negreiros ou nos novos contextos que os sujeitos escravizados encontraram fora da África (Gelédes, 2017).

4 O Grupo Ujima é um grupo de contação de histórias negras e literatura infantojuvenil formado majoritariamente por mulheres negras educadoras, artistas, pesquisadoras, entre outras áreas de atuação. O grupo realiza um trabalho contra-hegemônico de fortalecimento de narrativas negras. E através de circuitos de contação de histórias, inspirados nas tradições de griôs africanos e apresentados nas escolas públicas e periféricas do Rio de Janeiro, o grupo se insere no que se entende por Movimento Negro Educador. Idealizado por mim, o Grupo Ujima é formado hoje por mais de 30 contadoras/es que buscam continuamente ampliar seu repertório e construir um novo olhar para a literatura e oralitura infantojuvenil negra. Desde a Lei 10.639/03, que

instituiu obrigatoriedade do ensino da história e cultura afro-brasileira e africana e ações de combate ao racismo na Educação Básica, é pequeno o avanço em relação às práticas pedagógicas que objetivem uma educação antirracista. Um dos entraves à implementação da Lei é a formação humana fortemente marcada por uma perspectiva histórico-política eurocêntrica e consequente exclusão da episteme negra dos currículos e da organização escolar. Isso afeta significativamente estudantes, ao passo que não lhes apresentam representatividade, identidade e ancestralidade negra. Portanto, a valorização da oralidade, arte e educação patrimonial negra são aspectos a serem fortalecidos em professoras/es e estudantes. Além do aspecto lúdico e de sua função na aprendizagem, as histórias transmitem saberes complexos que compõem o desenvolvimento de estudantes, afetando a organização do discurso e a estruturação da linguagem e da identidade, pois quando se conta uma história, se oferece aos ouvintes apreciação de imagens, contato com as linguagens oral e escrita, possibilidade de identificação com os personagens e reflexão sobre valores, sentimentos, pensamentos e acontecimentos cotidianos.

5 Esse título faz menção ao samba enredo da Beija Flor de Nilópolis no ano de 2015, que é "Um Griô Conta a História: Um Olhar Sobre a África e o Despontar da Guiné Equatorial. Caminhemos Sobre a Trilha de Nossa Felicidade".

6 "Os 'búzios' também estão, tradicional e profundamente, associados à função oracular, utilizando-se diferentes métodos, sendo o mais comum o arremesso de um conjunto de 16 búzios sobre uma mesa previamente preparada e na análise da configuração que os búzios adoptam ao cair sobre ela" (Ferreira; Steuck; Souza, 2021, p. 16).

7 Em mandingo: Mandinka são um dos maiores grupos étnicos da África Ocidental, com uma população estimada em onze milhões de descendentes do Império Mali, que ascendeu ao poder durante o reinado do grande rei mandingo Sundiata Keita. Os mandingos pertencem ao maior grupo etnolinguístico da África Ocidental, o Mandè, que conta com mais de vinte milhões de pessoas (incluindo os diulas, os bozos e os bambaras). Originários do atual Mali, os mandingos ganharam a sua independencia de impérios anteriores no século XIII e fundaram um império que se estendeu ao longo da África Ocidental. Migraram para oeste a partir do Rio Níger à procura de melhores terras agrícolas e de mais oportunidades de conquista. Através de uma série de conflitos, primeiramente com os fulas (organizados no reino de Fouta Djallon), levaram metade da população mandingo a converter-se do animismo ao islamismo. Hoje, cerca de 99% dos mandingos em África são muçulmanos, com algumas pequenas comunidades animistas e cristãs. Durante os séculos XVI, XVII e XVIII, cerca de um terço da população mandinga foi embarcada para a América como escravos, após a captura em conflitos. Uma parte significativa dos afroamericanos nos Estados Unidos é descendente de mandingos. Estes vivem principalmente na África Ocidental, particularmente na Gâmbia, Guiné, Mali, Serra Leoa, Costa do Marfim, Senegal, Burquina Faso, Libéria, Guiné-Bissau, Níger e Mauritânia, havendo mesmo algumas comunidades pequenas no Chade, na África Central. Embora bastante dispersos, não se constituem no maior grupo étnico em qualquer dos países em que vivem, exceto na Gâmbia.

8 A Carta Kurukan Fuga está disponível no link: https://www.humiliationstudies.org/documents/KaboreLaCharte-DeKurukafuga.pdf

9 De acordo com Ballestrin (2013), a colonialidade é a continuidade da propagação do pensamento colonial, sendo uma matriz que se expressa essencialmente em relações dominantes de poder, saber e ser.

10 "No campo ontológico, a descolonização passa pela renegociação das definições do ser e dos seus sentidos, aliando a democratização à descolonização. Este desafio epistêmico contesta o privilégio epistémico do Norte global, abrindo o mundo a outros saberes, narrativas e lutas, contadas a múltiplas vozes" (Meneses, 2016, p. 27).

11 Maracatu Nação, também conhecido como Maracatu de Baque Virado, é uma forma de expressão cultural que apresenta um conjunto musical percussivo a um cortejo real, evocando as coroações de reis e rainhas do antigo Congo africano (iPatrimonio, s.d.).

12 "Um dos elementos sagrados do maracatu é a Calunga, também chamada de boneca, sempre presente ao cortejo das nações africanas, do qual se originou o nosso maracatu. Segundo esclarece Alberto da Costa e Silva: 'Mantendo-se em segredo, os vínculos entre grupos ambundos, num segredo auxiliado pela ignorância dos senhores de escravos, tinham os chefes vendidos [escravos] de mostrar a fonte do seu poder - e já agora também penhor de unidade do grupo ao Brasil -, a calunga'. Até os nossos dias a Calunga faz parte do ritual do maracatu, encarnando nos seus axés a força dos antepassados do grupo. Em sua honra são cantadas, ainda dentro da sede, as primeiras loas, quando a Calunga é retirada do altar pela dama-do- paço e passa às mãos da rainha, que a entrega à baiana mais próxima e assim se sucede, de mão em mão até retornar novamente às mãos da soberana" (Bloco de Pedra, 2010, n.p.).

13 "A 'umbigada' é o gesto coreográfico que consiste no choque dos ventres, ou umbigos [...]. Em traços gerais, elas consistiam no seguinte: todos os participantes formam uma roda. Um deles se destaca e vai para o centro, onde dança individualmente até escolher um participante do sexo oposto para substituí-lo (os dois podem executar uma coreografia – de par separado – antes que o primeiro se reintegre ao círculo)" (Sandroni, 2001, p. 64-84).

14 "*A Voz do Brasil* é um noticiário radiofônico estatal, produzido pela Empresa Brasil de Comunicação, de difusão obrigatória cuja transmissão deve ocorrer de segunda a sexta-feira em todas as emissoras radiofônicas brasileiras, na janela de horário de 19h às 22h, tendo duração de 1 hora" (EBC Radios, s.d.)

15 "Conceição Evaristo é um grande expoente da literatura contemporânea, romancista, poeta e contista, homenageada como Personalidade Literária do Ano pelo Prêmio Jabuti 2019 e vencedora do Prêmio Jabuti 2015. Além disso, Conceição Evaristo também é pesquisadora na área de literatura comparada e trabalhou como professora na rede pública fluminense. Suas obras, cuja matéria-prima literária é a vivência das mulheres negras – suas principais protagonistas – são repletas de reflexões acerca das profundas desigualdades raciais brasileiras. Misturando realidade e ficção, seus textos são valorosos retratos do cotidiano, instrumentos de denúncia das opressões raciais e de gênero, mas também se voltam para a recuperação da ancestralidade da negritude brasileira, propositalmente apagada pelos portugueses durante os séculos em que perdurou o tráfico escravista." (Brandino, s.d.).

16 Fernanda Felisberto é professora do Departamento de Letras da Universidade Federal Rural do Rio de Janeiro. Doutora pelo Programa de Literatura Comparada da UERJ, área de pesquisa em literatura afroamericana e negro-brasileira. Mestre em Estudos Africanos, com ênfase na literatura nigeriana contemporânea pelo El Colegio de Mexico. Possui bacharelado em Letras Português-Francês pela Pontifícia Universidade Católica do Rio de Janeiro. É professora do Curso de Aperfeiçoamento em História e Cultura Afrodescendente da PUC-RJ. Pesquisadora das narrativas de mulheres negras, presente nas literaturas africanas, negro-brasileira, afroamericana e afrolatina. Integrante do LEAFRO - (NEAB) da UFRRJ e do Grupo de Pesquisa (CNPq/UFRRJ) GEDIR - Gênero, Discurso e Imagem. Atua no mercado editorial brasileiro. Possui longa experiência na formação continuada de professores nas questões étnico-raciais, com ênfase na literatura negro-brasileira, os conteúdos da Lei 10.639/2003 e a presença da autoria negra no mercado editorial nacional. Possui publicações na área das literaturas negro-brasileira, negro-diaspóricas e das relações raciais e educação. Pesquisadora da Coleção Literatura e Afrodescendência no Brasil: antologia crítica - organizada pelo Prof. Dr. Eduardo de Assis Duarte. Tutora do Pet-Conexões Baixada - IM UFRRJ. Coordenadora do Ciclo de Seminários Mulheres Nas Artes: Conceição Evaristo, promovido pela Escola do Olhar do MAR - Museu de Arte do Rio.

17 Eduardo Assis Duarte possui graduação em Letras pela UFMG (1973), mestrado em Literatura Brasileira pela PUC do Rio de Janeiro (1978) e doutorado em Teoria da Literatura e Literatura Comparada pela USP (1991). Cumpriu programas de Pós-doutorado na UNICAMP e na UFF. Aposentado em 2005, mantém vínculo voluntário com a UFMG, atuando como professor colaborador do Programa

de Pós-graduação em Letras: Estudos Literários. Participa do Núcleo de Estudos Interdisciplinares da Alteridade - NEIA. Trabalha em especial com os seguintes temas: literatura e alteridade; literatura afrobrasileira; romance, história, sociedade; Machado de Assis; Jorge Amado. Coordena o grupo de pesquisa Afrodescendências na Literatura Brasileira (CNPq) e o Literafro Portal da Literatura Afro-brasileira.

18 "O alabê é um cargo no candomblé (religião afro-brasileira), é quem cuida da música, quem canta, toca, cuida dos atabaques. Ketu é uma das nações do candomblé que veio de uma combinação de várias religiões do povo iorubá, e o jazz é uma forma de liberdade de pensar a música, de misturar a improvisação – explicou Antoine Olivier em entrevista ao *Por dentro da África*" (Luz, 2015, n.p.).

19 Veruska Delfino é produtora cultural, atriz e educadora social. Contribui com grupos periféricos de arte, faz consultorias para organizações que trabalham com Juventude, Educação, Cultura e Periferia, e integra o conselho municipal da cidade do Rio de Janeiro. Faz parte da gestão da OSCIP Av. Brasil - Instituto de Criatividade Social, e coordena a Agência de Redes para Juventude, projeto que atua com jovens de 15 a 29 anos moradores de mais de 40 favelas e periferias da cidade do Rio. Sua área de atuação é em direitos humanos; teatro; ação social; ações artísticas; realização de projetos, eventos, palestras e oficinas; consultoria de produção e metodologia; e elaboração de pesquisas em territórios periféricos. Trabalhos desenvolvidos a partir dos ODS - Objetivos de Desenvolvimento Sustentável: Educação de qualidade. Igualdade de gênero. Redução das desigualdades. Trabalho decente e crescimento econômico.

20 Tatiane Oliveira é formada em Pedagogia e pós-graduanda no curso de Educação para as Relações Étnico-raciais. Trabalha desde 2015 como responsável da empresa NIA PRODUÇÕES LITERÁRIAS, livraria e editora, voltada para publicação, curadoria e venda de livros de literatura com recorte racial, sendo especialista nos livros para a infância e juventude. Desenvolve o acesso e a formação de jovens e adultos para leitura voltada à temática racial e a valorização do negro enquanto protagonista, assim como a afirmação da importância de uma prática literária em prol da educação antirracista. Participa como palestrante de oficinas relacionadas ao tema: Histórias Negras - Literatura infantojuvenil - Protagonismo Negro. Trabalhou como assistente editorial em uma editora de livros infantis e juvenis, acompanhando todas as etapas de produção dos livros, onde auxiliou na publicação de aproximadamente 40 obras. Atua como consultora do letramento racial para projetos relacionados às questões raciais, e também como consultora para curadoria de livros infantis e juvenis com protagonismo negro. Tem experiência de aproximadamente vinte anos na área social e da educação, e mais recentemente o foco no trabalho e pesquisa voltados para as questões raciais, em campos acadêmicos e orgânicos, agregando sua trajetória pessoal de ativismo negro, e também o desenvolvimento de projetos diversos relacionados à temática.

21 Simone Ricco é mestra em Letras, na área de Literaturas Africanas de Língua Portuguesa, pela UFF e professora da SME, atuando no NEIRER (Núcleo de Estudos de Inclusão e Relações Étnico-Raciais) da 8º CRE. No ensino superior, oferece disciplinas para a formação de especialistas na Pós--graduação em Literatura Infantojuvenil (UFF) e Pós-graduação em História da África e Diáspora Atlântica (IPN/UNICE). Realiza rodas de leitura, oficinas de criação literá-

ria e oficinas que colaboram com a formação continuada de docentes. Sua produção reúne artigos científicos, apresentação de obras literárias, textos inseridos em produções audiovisuais e nas antologias Vértice: escritas negras (2019), da Ed. Malê, *Respirar: a emergência é essa* (2020), do Selo Editorial, *Olhos de Azeviche* (2020), da Ed. Malê, e *Cadernos Negros nº 43* (2021), da Ed. Quilombhoje.

22 Paulo Gomes é ator, roteirista e produtor cultural. Formação 2º Tec em Edificações no Colégio 1º de Maio / CEFET – RJ. Tem experiência em produção teatral. Se formou em Arte Cênica pelo SATED-RJ em 2009 e fez parte da CIA de Teatro Tumulto, oriunda a Cidade de Deus, em 2004 como ator, e hoje está como diretor. Formado pela escola de Cinema Darcy Ribeiro em Produção Cinematográfica, produziu *Éstase* e *Avoada* como projetos de final de curso de alunos de direção. Em 2010, ministrou o curso MARIA, MARIA em parceria com a AMBEV com prevenção ao consumo de álcool de jovens da Cidade de Deus e adjacência, com performance teatral nos bares e botecos da região. Fez assistência de direção do projeto *Quero ser Feliz*, que ganhou o primeiro prêmio no Web Festival 2018 de melhor publicidade, e na Série *Cinema de Enredo*, de 2020, para o Canal Prime Box Brasil. De janeiro a agosto de 2021, atuou como gestor da Arena Jovelina Perola Negra na Pavuna e Teatro Sérgio Porto no Humaitá. A partir de setembro de 2021, começou como gestor do Teatro Municipal Ruth de Souza.

23 Os documentários estão disponíveis nos respectivos links: https://www.youtube.com/watch?v=kKEI43kdF14 e https://youtu.be/sJd1te_3pjI

24 "Dona Ivone Lara foi uma compositora, cantora e instrumentista. Nasceu no início dos anos 1920, em Botafogo, no Rio de Janeiro. Trabalhou como enfermeira e como assistente social, até se aposentar e se dedicar exclusivamente à música. Pioneira, gravou 15 álbuns, compôs inúmeras canções e ficou conhecida como a Dama do Samba. Suas composições, como *Sonho Meu* e *Acreditar*, foram interpretadas por grandes nomes da Música Popular Brasileira" (Fernandes, 2021, n.p.).

25 "Maria Beatriz Nascimento, mulher, negra, sergipana, mãe, historiadora, roteirista, poeta, ativista: foi impulsionadora de debates no movimento negro e contribuiu de forma singular para o pensamento social brasileiro. A pedido da Escola de Comunicação (ECO), o título de *doutora honoris causa* foi concedido pelo Conselho Universitário (Consuni) *in memorian* no dia 28/10/21, sob unanimidade. A pensadora fez graduação em História (1968-1972) e especialização (1979-1981) na UFRJ. Além disso, iniciou o curso de mestrado em História na Universidade Federal Fluminense (UFF). Parte de sua pesquisa, realizada de maneira independente de qualquer instituição acadêmica, consistia em observar — em campo e via documentação — os quilombos como sistemas alternativos à estrutura escravista, com potencial continuidade em favelas, particularmente no caso do Rio de Janeiro" (Menezes, 2022, n.p.).

Referências

ARBOLEYA, Valdinei José. A literatura infantil apresenta-se como uma perspectiva instigante junto à necessidade de reformulação dos padrões ideológicos. *Revista África e Africanidades*, ano I, n. 3, nov. 2008.

ARBOLEYA, Valdinei José. O negro na literatura infantil: apontamentos para uma interpretação da construção adjetiva e da representação imagética de personagens negros. *Portal Geledés*, 27 de junho de 2013. Disponível em:

<https://www.geledes.org.br/o-negro-na-literatura-infantil-apontamentos-para-uma- interpretacao-da-construcao-adjetiva-e-da-representacao-imagetica-de-personagens- negros/>. Acesso em: 11 ago. 2022.

BARTON, David; HAMILTON, Mary. La literacidad entendida como práctica social. *In:* ZAVALA, V.; NIÑO-MURCIA, M.; AMES, P. *Escritura y sociedad:* nuevas perspectivas teóricas y etnográficas. Lima: Red para el desarrollo de las Ciencias Sociales en el Perú, 2004. p. 109-139.

BRASIL. Câmara dos Deputados. *Lei Federal do Brasil 10639*. D.O.U de 10 de janeiro de 2003. Altera a Lei no 9.394, de 20 de dezembro de 1996, que estabelece as diretrizes e bases da educação nacional, para incluir no currículo oficial da Rede de Ensino a obrigatoriedade da temática "História e Cultura Afro-Brasileira", e dá outras providências. Brasília, DF, 2003.

BRASIL. Câmara dos Deputados. *Projeto de Lei nº 1.786 06 de julho de 2011*. Brasília, DF, 2011. Disponível em: <https://www.camara.leg.br/proposicoesWeb/fichadetramitacao?idProposicao=511689>. Acesso em: 11 ago. 2022.

BRASIL. *Diretrizes Curriculares Nacionais para a Educação das Relações Étnico- Raciais e para o Ensino de História e Cultura Afro-Brasileira e Africana*. Brasília: MEC, 2004.

BÂ A. H. A tradição viva. *In:* KI-ZERBO, J. (Ed.). *História Geral da* África. Volume I. Editora Ática, 2010.

CASTILHO, Suely Dulce. A Representação do Negro na literatura Brasileira. *Novas Perspectivas*, v. 7, 2004.

CELHTO. *La Charte de Kurukan Fuga:* aux sources d'une pensée politique en Afrique.

Paris: L'Harmattan, 2008.

CUTI. *Literatura Negro Brasileira*. São Paulo: Selo Negro, 2010.

EVARISTO, Conceição. Gênero e Etnia: uma escre(vivência) da dupla face. In: MOREIRA, Nadilza Martins de Barros; SCHNEIDER, Diane (Ed.). *Mulheres no mundo:* etnia, marginalidade e diáspora. João Pessoa: UFPB, Editora CCTA, 2005.

FERREIRA, A. J. Teoria racial crítica e letramento racial crítico: narrativas e contranarrativas de identidade racial de professores de línguas. *Revista da ABPN*, v. 6, n. 14, jul.-out., 2014.

FERREIRA, A. J. *Letramento racial crítico através de narrativas autobiográficas:* com atividades reflexivas. Ponta Grossa: Estúdio Texto, 2015a.

FERREIRA, A. J. *Narrativas autobiográficas de identidades sociais de raça, gênero, sexualidade e classe em estudos da linguagem.* Campinas, SP: Pontes, 2015b.

FERREIRA, S. R. *Alafiá, a princesa Guerreira.* 01. ed. Rio de Janeiro: Nia - Produções Literária, 2019.

FERREIRA, W. L. S.; STEUK, E. R.; SOUZA, E. A. Os Búzios nas Culturas e Religiões de Matriz Africana: Significados e Aportes Ecológico/Culturais. *Revista Hydra*, v. 6, n. 10, 2021.

GOMES, Nilma Lino. *O movimento negro educador:* saberes construídos nas lutas por emancipação. Petrópolis, RJ: Vozes, 2017.

HASSANE Kouyaté: "Para Além da Arte". SP Escola de Teatro. YouTube, 24 set. 2013. Disponível em: <https://www.youtube.com/watch?v=8z1QegOa4eM>.

HOOKS, bell. *Ensinando a transgredir:* a educação como prática da liberdade. São Paulo: Editora WMF Martins Fontes, 2013.

KLEIMAN, Angela B. Os estudos de letramento e a formação do professor de língua materna. *Linguagem em (Dis)curso – LemD*, v. 8, n. 3, p. 487-517, set./dez. 2008.

KLEIMAN, A. B. (org.) *Os Significados do Letramento:* uma

Nova Perspectiva sobre a Prática Social da Escrita. Campinas, SP: Mercado de Letras, 1995.

KLEIMAN, Angela B. Professores e agentes de letramento: identidade e posicionamento social. *Filologia e Linguística Portuguesa*, [S. l.], n. 8, p. 409-424, 2006.

MAYBIN, J. & MOSS, G. Talk about Texts: Reading as a Social Event. *Journal of Research in Reading*, v. 16, n. 2, p.138-147, 1993.

MENESES, Maria Paula. Os sentidos da descolonização: uma análise a partir de Moçambique. *OPSIS*, Goiânia, v. 16, n. 1, p. 26-44, 2016.

MORRISON, Toni. *O olho mais azul*. São Paulo: Companhia das Letras, 2003.

NIANE, Djibril Tamsir (Ed.). *História Geral da África IV: África do século XII ao XVI*. 2. ed. rev. Brasília: UNESCO, 2010. p. 133-192.

NOGUERA, Renato. Antes de saber para onde vai, é preciso saber quem você é: tecnologia griot, filosofia e educação. *Problemata - Revista Internacional de Filosofia*, v. 10, p. 258-277, 2019.

NOGUERA, Renato. A lição de Kwaku Ananse: a perspectiva griot sobre ensinar Filosofia. *Quadranti – Rivista Internazionale di Filosofia Contemporanea*, v. VII, n. 1-2, p. 160-178, 2019.

OLIVEIRA, Kiusam. Literaturas em língua portuguesa para crianças e jovens. *Revista Crioula*, n. 25, p. 357-364, 1º sem. 2020.

OLIVEIRA, L. F. Educação Antirracista: tensões e desafios para o ensino de sociologia. *Educação & Realidade*, Porto

Alegre, v. 39, n. 1, p. 81-98, jan./mar. 2014.

PROGRAMA Arte do Artista. "Homenagem ao griot Sotigui Kouyaté" – a entrevista Toumani Kouyaté, 06 de maio de 2016.

ROSA, Sonia. Literatura negro afetiva para crianças e jovens. *Portal Geledés*, 31 ago. 2021. Disponível em: <https://www.geledes.org.br/literatura-negro-afetiva-para-criancas-e-jovens/>.

SCHUCMAN, Lia Vainer. *Entre o "encardido", o "branco" e o "branquíssimo":* raça, hierarquia e poder na construção da branquitude paulistana. Tese (Doutorado em Psicologia Social) – Instituto de Psicologia, Universidade de São Paulo. São Paulo, 2012.

SILVA, L. C.; SILVA, K. G. O negro na literatura infanto-juvenil. *Revista Thema*, Pelotas, v. 8, n. 2, 2011.

SILVA, Celso Sisto. Do griô ao vovô: o contador de histórias tradicional africano e suas representações na literatura infantil. *Nau literária:* crítica e teoria de literaturas, Porto Alegre, v. 09, n. 01, jan./jun., 2013.

SILVA, Celso Sisto. *A Arte De Contar Histórias e Sua Importância no Desenvolvimento Infantil,* 2015.

SOARES, Magda. *Letramento:* um tema em três gêneros. 3. ed. Belo Horizonte: Autêntica Editora, 2009.

SOTIGUI Kouyaté: um Griot no Brasil (Brasil, 2014, 57 Minutos). Direção: Alexandre Handfest.

TAVARES, Manuel. Boaventura de Sousa Santos e Maria Paula Meneses (Orgs.) (2009). *Epistemologias do Sul.* (Resenha). *Revista Lusófona de Educação,* n. 13, p. 183-189, 2009.

Este livro foi composto em Arno Pro e impresso em papel Polen Bold 90g, pela Renovagraf para a editora Malê em julho de 2025.